hänssler

ERIKA GEIGER

Erdmuth Dorothea Gräfin von Zinzendorf

Die »Hausmutter« der Herrnhuter Brüdergemeine

Erika Geiger, geb. Dietzfelbinger, Studium der klassischen Philologie und Germanistik von 1957–1962 in München, Wien, Tübingen; Lehramtsexamina in München 1962 und 1964, Tätigkeit als Lehramtsassessorin im Gymnasium Korntal bei Stuttgart von 1964–1965, von 1972–1997 an der Friedrich-Oberlin-Fachoberschule in München; von 1972–1998 Lehrauftrag für Neutestamentliches Griechisch an der Fachhochschule für Religionspädagogik in München. Seit 1964 verheiratet, drei Kinder. Mitarbeit im Zinzendorf-Arbeitskreis (zur Herausgabe der Werke Zinzendorfs) seit 1993, mit der Edition von griechischen Texten beauftragt.

hänssler-Hardcover
Bestell-Nr. 393.592
ISBN 3-7751-3592-8

2. Auflage 2001
© Copyright 2000 by Hänssler Verlag,
D-71087 Holzgerlingen
Internet: www.haenssler.de
E-Mail: info@haenssler.de
Titelfoto: Unitätsarchiv Herrnhut
Umschlaggestaltung: Ingo C. Riecker
Satz: AbSatz, Klein Nordende
Druck und Bindung: Ebner Ulm
Printed in Germany

Meinen Kindern gewidmet

INHALT

Vorwort 9

1. Jugendjahre 13

2. Die ersten Ehejahre 29

3. Mitarbeiterin in Herrnhut 45

4. Hausmutter der Pilgergemeine 59

5. Repräsentantin der Brüdergemeine 79

6. Rückzug ins Privatleben 95

7. Die letzten Lebensjahre 109

Nachwort: Erdmuths Bedeutung für
Zinzendorf und die Brüdergemeine 125

Literaturverzeichnis 129

Anmerkungen 131

VORWORT

Im Jahr 2000 denken wir in besonderer Weise an Erdmuth Dorothea Gräfin von Zinzendorf, die – ebenso wie ihr Mann – vor 300 Jahren geboren wurde.

Was wäre Zinzendorf und die Herrnhuter Brüdergemeine ohne diese Frau gewesen!

Als Mitstreiterin für »die Sache des Heilands« hatte sie sich an Zinzendorfs Seite gestellt und ihm ihr Ja-Wort gegeben.

Ohne ihr kluges wirtschaftliches Walten auf Gut Berthelsdorf hätte Zinzendorf niemals seine Pläne und Ideen so verwirklichen können, wie sie es ihm ermöglichte.

Ihr starker Glaube, der in ihren Liedern zum Ausdruck kommt, wurde oft auf harte Proben gestellt. So hat sie zwölf Kindern das Leben geschenkt, acht wurden ihr durch frühzeitigen Tod wieder genommen, der Sohn Christian Renatus im Alter von 25 Jahren.

In diesem Jubiläumsjahr nicht nur dem Grafen, sondern auch der Gräfin die gebührende Ehre und Anerkennung zu erweisen, das ist ein besonderes Anliegen von uns Frauen.

Wir sind Erika Geiger sehr dankbar, dass sie den Teilnehmerinnen des vierten europaweiten Treffens von Frauen der Herrnhuter Brüdergemeine, das 1999 in Zeist/Holland stattfand, das Leben dieser bemerkenswerten Frau in so liebevoller und eindrücklicher Weise nahe brachte. Ihr Vortrag gab den Anstoß zu diesem Buch.

Möge die vorliegende Veröffentlichung vielen Leserinnen und Lesern zeigen, wie Gott durch das Leben von Erdmuth Dorothea gewirkt und sie zum Segen gesetzt hat.

Niesky, 10. Januar 2000
Gudrun Schiewe
(Initiatorin der Europäischen Schwesterntreffen)

Am 22. Dezember 1722 fährt eine Reisekutsche durch die winterliche Oberlausitz auf der Landstraße zwischen Löbau und Zittau. Graf von Zinzendorf, Justizrat in Dresden und seit drei Monaten verheiratet, will seiner jungen Frau Erdmuth Dorothea endlich sein Landgut Berthelsdorf zeigen, das er vor einem halben Jahr erworben hat. Dort möchte das junge Paar das Weihnachtsfest verbringen. Mit in der Kutsche sitzt die Kammerzofe der Gräfin und Friedrich von Watteville, ein Schulfreund des Grafen, dem Zinzendorf vorgeschlagen hat, sich auf seinem Gut niederzulassen.

Die Gräfin versucht, durch die beschlagenen Scheiben möglichst viel von der Landschaft zu sehen, die ihre neue Heimat werden soll. Graf Zinzendorf, der in der Oberlausitz aufgewachsen ist, erklärt eifrig jedes Dorf, jeden Berg und Hügel, an dem sie vorbei fahren. Südlich von Strahwalde beginnt sein Herrschaftsbereich; sie fahren durch waldiges Gebiet. Links erhebt sich die Kuppe des Hutbergs, wo, wie der Name sagt, das Vieh gehütet wird; man kann ihn nur in Umrissen erkennen, weil die Dunkelheit schon hereinbricht. Plötzlich sehen die Reisenden im Wald ein Licht schimmern – da steht ein kleines Haus an der Straße, das der Graf noch nie gesehen hat. Er lässt den Kutscher anhalten und fragen, wer hier wohnt. Die Hausbewohner geben Auskunft: Sie sind Glaubensflüchtlinge aus Mähren, denen der Gutsverwalter mit Erlaubnis des Grafen Zinzendorf hier Grund und Boden zur Ansiedlung zugewiesen hat.

Zinzendorf und seine Frau sehen sich an: Natürlich wissen sie von diesen Leuten, der Gutsverwalter hat in seinen Briefen von ihrer Ankunft berichtet. Sie sind Nachkommen der alten böhmisch-mährischen Brüder-Unität, die seit Jahrhunderten in ihrer Heimat wegen ihres evangelischen Glaubens Verfolgungen ausgesetzt ist. Zinzendorf hatte ihrem Anführer Christian David schon vor einiger Zeit versprochen, sie könnten auf seinem Gebiet Zuflucht finden; nun sind sie in seiner Abwesenheit angekommen und haben bereits ein Haus gebaut.

Die mährischen Handwerker sind zuerst erschrocken, als sie hören, dass sie das Herrschaftspaar vor sich haben. Dann aber bitten sie die Reisenden ehrerbietig ins Haus, wo sie sich am Feuer wärmen können. Graf und Gräfin lassen sich von dem schweren

Schicksal der Flüchtlinge erzählen, von der Unterdrückung ihres Glaubens, von ihren heimlichen Versammlungen mit Bibelstudium. Im Innersten bewegt knien alle auf dem Fußboden nieder und der Graf spricht ein tief empfundenes Gebet für das Haus und seine Bewohner.

Als sie wieder in die Kutsche steigen, blickt die Gräfin noch einmal teilnahmsvoll zurück. Sie kann nicht ahnen, dass sie in diesem kleinen Holzhaus den Anfängen ihrer Lebensaufgabe begegnet ist, der Mitarbeit am Aufbau der Herrnhuter Brüdergemeine.

1. Jugendjahre

Erdmuthe Dorothea von Reuß wird am 7. November 1700 als fünftes Kind des Grafen Heinrich X. von Reuß und seiner Frau Erdmuthe Benigna, geb. von Solms-Laubach, in Ebersdorf im thüringischen Vogtland geboren. Der Vater stirbt früh, so dass die Mutter für ihren ältesten Sohn die vormundschaftliche Regierung bis zu seiner so genannten »Großjährigkeit« übernehmen muss. Sie ist eine starke, bestimmende Persönlichkeit und eine fromme, dem Pietismus verbundene Frau, die am elterlichen Hof in Laubach Philipp Jakob Spener, den »Vater des Pietismus« kennen gelernt hat und von seinem Geist geprägt ist. Am Ebersdorfer Hof entwickelt sich eine Hausgemeinde mit einem eigenen Hofprediger, eine »Schlossecclesiola« (kleine Schlossgemeinde), zu der sich alle Mitglieder der gräflichen Familie und alle Bediensteten zählen.

Im Ebersdorfer Schloss, landschaftlich sehr schön am Rande des Frankenwaldes gelegen, wächst Erdmuthe Dorothea, im Familienkreis Erdmuth genannt, in einer behüteten, zurückgezogenen und vom Pietismus bestimmten Atmosphäre auf. Gesellschaften, Spiel und Tanz, die sonst Unterhaltung und Zeitvertreib in den kleinen Hofhaltungen bilden, gibt es in Ebersdorf nicht; man hält das für Zeitvergeudung, für Dinge, die den Menschen von der Heiligung seines Lebens abhalten.

Erdmuth steht genau in der Mitte von fünf Geschwistern; drei Schwestern sind schon im Kleinkindalter gestorben. Mit ihrem um ein Jahr älteren Bruder Heinrich XXIX. zusammen wird sie von Hauslehrern unterrichtet, wobei sich die Fächerauswahl mehr an der Ausbildung des Bruders orientiert: Die Geschwister lernen Griechisch und Latein, aber leider nicht Französisch, was Erdmuth später oft vermissen wird.

*Schloss Ebersdorf in heutiger Zeit
(Foto: Gudrun Schiewe)*

Hochmann von Hochenau

Eindrucksvoll ist für die junge Erdmuth der Besuch des berühmten Wanderpredigers Hochmann von Hochenau, der sich von August 1711 an längere Zeit in Ebersdorf aufhält. Er zieht in Deutschland umher, besucht viele der kleinen Fürstenhöfe und predigt von einer Neuordnung des persönlichen und öffentlichen Lebens durch Christus. In seinen Ansprachen gebraucht er immer wieder das Bild einer Kette, die den Menschen ganz eng mit Gott verbindet, so dass er Gottes Bewegungen und Gott die seinigen fühlen kann.

Dem Kind geht dieses Gleichnis nicht mehr aus dem Kopf. Erdmuth begreift zum ersten Mal etwas von der Freude einer lebendigen Beziehung zu Gott. Wie sehr sie sich mit diesen Gedanken beschäftigt hat, drückt sie später in einem als Gebet formulierten Gedicht aus:

>*»Ich hört zu mit Bewegung*
>*Und guter Überlegung,*
>*Es blieb auch was zurück,*
>*Ich fühlte eine Neigung*
>*Und eine Überzeugung*
>*Dass Dein zu sein ein großes Glück.«* [1]

Fräulein von Pottiga

Ein paar Jahre später, 1716, zeigen sich bei dem heranwachsenden Mädchen Entwicklungsstörungen der Wirbelsäule und Rückenbeschwerden. Man rät der besorgten Mutter, ihre Tochter zu einer orthopädischen Kur nach Dresden zu dem bekannten Hofchirurgen Freyersleben zu schicken. Das ist für die Gräfinmutter eine aufregende und problematische Angelegenheit. Sie muss nämlich sehr sparsam wirtschaften, weil ihr Land hoch verschuldet ist; die Kur und der Aufenthalt in Dresden aber werden viel Geld kosten. Schwerer noch wiegt der Umstand, dass eine Komtesse aus dem bekannten Adelsgeschlecht Reuß-Ebersdorf, wenn sie in Dresden auftaucht, mit großer Wahrscheinlichkeit an den Hof des Kurfürsten Augusts des Starken eingeladen und somit den verderblichen Einflüssen der sittenlosen Hofgesellschaft ausgesetzt wird.

Nach langen quälenden Überlegungen entschließt sich die Mutter, Erdmuth mit einer treuen Dienerin unter dem Namen eines Fräuleins von Pottiga nach Dresden reisen zu lassen. Pottiga, ein kleines Landgut, gehört zum Ebersdorfer Besitz. Es ist also kein falscher Name, auf den Erdmuths Pass ausgestellt wird, was der frommen Mutter, die jede Lüge verabscheut, sehr wichtig ist.

Am Stadttor von Dresden ergeben sich allerdings für das Fräulein von Pottiga ungeahnte Schwierigkeiten. Man unterzieht sie einem richtigen Verhör, weil ihr Name im Adelsregister nicht zu finden ist und »weil kein Geschlecht auf der Welt so hieße«, wie Erdmuth nach Hause schreibt. Schließlich werden die ganz verstörten Frauen zwar in die Stadt eingelassen, aber am nächsten Tag fragt der Diener des Stadtschreibers noch einmal nach und droht, es werde einem »übel bekommen«, wenn »ein Betrug dahinter wäre«, man wisse auf dem »Regierungshaus« über alle Geschlechter Bescheid. Der jungen unerfahrenen Erdmuth, die zum ersten Mal in der Fremde ist, wird es angst und bange.

Zum Glück gibt es in Dresden die fromme Generalin Hallart, eine Freundin der Mutter, die sich um Erdmuth und ihre Jungfer annimmt. Die Sache mit dem obskuren Namen verläuft sich schließlich im Sande, aber die Generalin Hallart kann der Gräfin in Ebersdorf einen milden Verweis nicht ersparen. Sie persönlich, so schreibt sie der Freundin, lehne aus Überzeugung jede »Notlüge« und auch den »subtilsten Betrug« ab; ein solcher wäre auch in diesem Fall gar nicht nötig gewesen, da man in Dresden auch unter seinem richtigen Namen in aller Stille leben könne. Denn wer bei dem »unordentlichen, wüsten Wesen« der Gesellschaft nicht »mitlaufe«, werde von ihr »völlig vergessen«[2].

Unter der Obhut dieser Dame ist Erdmuth natürlich gut aufgehoben. Die Geheimsekretärin Link, eine »gar christliche und vernünftige Frau«, ist ebenfalls um das Wohl der Komtesse bemüht und hat ihr eine ruhige Wohnung gemietet, fern von allen Zerstreuungen, wie Erdmuth der Mutter schreibt:

> »... und dürfen Ew. Gnaden nicht besorgen, dass ich etwan viel zum Fenster hinaussehen würde, denn man garnichts sehen kann, weil die Stube im Hof geht, danach ich garnichts frage, denn so kann ich die Eitelkeit, die hier vorgeht, nicht sehen und ist mir recht lieb ...«[3]

Erdmuth zeigt sich also als wohlerzogene Tochter ganz einverstanden mit dem zurückgezogenen Leben, das die Mutter für sie vorgesehen hat. Diese verlangt brieflich genaue Rechenschaft über die Haushaltsführung in Dresden, und der Hauslehrer überwacht von Ebersdorf aus die Fortsetzung der Studien. So ist Erdmuth genügend beschäftigt; der Hauptzweck des Dresdner Aufenthalts, die orthopädische Kur, beansprucht ebenfalls viel Zeit. Hofchirurgus Freyersleben zeigt sich sehr zufrieden mit dem »Gehorsam und der Aufführung« seiner Patientin. Im Herbst 1716 erklärt er die Kur für erfolgreich beendigt, »indem ihr Leib, Achseln und Schultern so gleich ist, und wer sie bloß ansieht und nicht wohl versteht, wenig oder gar nichts an ihr sieht ...«[4].

Im Oktober kehrt Erdmuth wohlbehalten an Leib und Seele nach Ebersdorf zurück, zur großen Freude und Erleichterung der Mutter. Diese kann dringend eine Hilfe brauchen, denn die Verwaltung der Grafschaft, die sie in sehr schlechtem Zustand übernommen hat, fordert ihre ganze Kraft. In den folgenden Jahren wird Erdmuth von der Mutter zunehmend zur Haushaltsführung herangezogen. Sie zeigt sich klug und geschickt in allen wirtschaftlichen und verwaltungstechnischen Fragen, so dass ihr die Mutter bald die Leitung des Hauswesens anvertrauen kann.

Benigna

Ihre fünf Jahre ältere Schwester Benigna ist für solche praktischen Dinge nicht zu haben. Sie ist sehr zart und oft kränklich, eine Mystikerin, die sich in der Einsamkeit der Jesusliebe hingeben will. Heirat und Familie kommen für sie nicht in Frage. Sie verlässt

Ebersdorf und zieht sich auf das schon erwähnte Landgut Pottiga zurück, um ganz in der Gemeinschaft mit Christus leben zu können.

Für die jüngere Schwester Erdmuth, die ihr innerlich sehr nahe steht, wird Benigna in dieser Zeit zur geistlichen Autorität. Viele Briefe gehen zwischen den beiden hin und her, viele Gespräche werden geführt.

Erdmuth hat in diesen Jahren manchen inneren Kampf auszufechten. Sie wird von Glaubenszweifeln bedrängt, bemüht sich um Heiligung ihres Lebens, erlebt immer wieder ihr persönliches Scheitern und leidet sehr darunter. Die Schwester spricht ihr in ihren Briefen Mut zu: »Mach's, so gut du kannst, ein andermal gewiss besser!« Oder sie ermahnt Erdmuth, bei der Betrachtung ihres Lebens nicht nur zu sehen, »wie elende du noch seist«, sondern »wie mächtig und milde Gott ist«[5]. Erdmuth erlebt schließlich eine innere Umkehr und erfährt »die bisher an anderen gesehene und geliebte Gnade an ihrem eigenen Herzen«[6].

Heinrich XXIX.

Auch mit dem Bruder, der nur ein Jahr älter ist als sie, hat Erdmuth ein sehr gutes und inniges Verhältnis und führt einen regen Briefwechsel mit ihm. Der künftige Regent der Grafschaft, Heinrich XXIX. – die Söhne aus dem weit verzweigten Geschlecht Reuß heißen alle Heinrich und werden zur Unterscheidung durchnummeriert – der »Neunundzwanzigste«, wie ihn alle nennen, wird von 1716-1719 zur Ausbildung auf das Pädagogium in Halle zu August Hermann Francke geschickt und hat seitdem enge Verbindung zum Pietismus in Halle. 1719 unternimmt er mit seinem Hofmeister Bonin eine sogenannte »Kavaliersreise« durch Europa, in der damaligen Zeit ein unverzichtbarer Bestandteil der Ausbildung eines jungen Adligen.

Auf dieser Reise lernt er in Amsterdam den jungen Grafen Nikolaus Ludwig von Zinzendorf kennen, der sich ebenfalls auf Kavaliersreise befindet und im gleichen Hotel abgestiegen ist wie der Neunundzwanzigste. Die jungen Leute schließen schnell Freundschaft – beide sind in Halle Schüler Franckes gewesen, beide sind sehr an religiösen Fragen interessiert. Sie treffen sich noch einmal in Paris, dem Ziel sehr vieler Kavaliersreisen. Als der Neunundzwanzigste abreisen muss, lädt er den neuen Freund, der allerdings noch einige Zeit in Paris bleiben will, zu einem Besuch in Ebersdorf ein.

Im Juni 1720 wird der Neunundzwanzigste volljährig und kann die Regierung in seinem kleinen Fürstentum übernehmen. Seiner Mutter, die neun Jahre die Regentschaft geführt hat, ist es durch eiserne Sparsamkeit und kluges Wirtschaften gelungen, alle Schulden abzutragen und ihm das Land schuldenfrei zu übergeben.

Was der junge regierende Fürst jetzt am dringendsten braucht, ist eine geeignete Ehefrau. Im Familienkreis wird diese Frage lebhaft erörtert. Wie üblich, hat die Gräfinmutter schon in der Verwandtschaft und bei ihren Freundinnen Fühler ausgestreckt und bereits eine Kandidatin gefunden: Theodore von Castell, 17 Jahre alt, von allen Seiten in den höchsten Tönen gepriesen. Aber ehe die Ebersdorfer die nötigen Schritte unternehmen können, dringt das Gerücht zu ihnen, der junge Zinzendorf, gerade aus Paris zurückgekehrt, halte sich zur Zeit in Castell auf und bewerbe sich um die Hand eben dieser Theodore, die seine Cousine ist. Tatsächlich beschreibt Zinzendorf sie in einem Brief an den Neunundzwanzigsten voller Begeisterung als ein »holdseliges, liebes Mädel«[7], ohne zu ahnen, dass auch der Freund ein Auge auf dieses Mädchen geworfen hat.

Nikolaus Ludwig von Zinzendorf

Wer ist dieser Nikolaus Ludwig von Zinzendorf, von dem Erdmuth in diesen Tagen so viel zu hören bekommt? Sein Vater war Minister in Dresden am kurfürstlichen Hof, starb aber kurz nach der Geburt des Sohnes. Die Mutter verheiratete sich nach wenigen Jahren wieder mit dem preußischen General Natzmer, an dessen Seite sie ein unruhiges Leben führte und viel auf Reisen sein musste. Deshalb wuchs Nikolaus Ludwig bei seiner Großmutter mütterlicherseits, der Landvögtin Henriette Katharina von Gersdorf, im Schloss

Großhennersdorf in der Oberlausitz auf. Diese Großmutter, eine sehr gebildete, kluge Frau, ist überzeugte Christin und hatte zu Speners Kreis in Dresden gehört. Bei ihr hat Nikolaus Ludwig schon in seiner frühen Kindheit eine sehr persönliche Art, mit dem Heiland umzugehen, erlebt und für sich übernommen.

Als Schüler in Halle war Zinzendorf bekannt für seine überzeugte pietistische Haltung; die Liebe zu Christus bestimmte sein Leben. Seinen Herzenswunsch, Theologie zu studieren, verweigerte ihm die Familie, weil der Pfarrerberuf sich für einen Grafen von so hohem Adel nicht schickte, sondern Bürgersöhnen vorbehalten war. Zinzendorf musste also nach dem Willen seiner Familie in Wittenberg Jura studieren; man erwartet von ihm, dass er in den Staatsdienst treten wird.

Zinzendorfs Besuch in Ebersdorf

An einem regnerischen Februartag im Jahre 1721 eilt der Neunundzwanzigste aufgeregt durch die Räume des Ebersdorfer Schlosses zu seiner Mutter: Ein Eilbote hat einen Brief von Zinzendorf gebracht, der in der Nähe von Plauen, ein paar Stunden von Ebersdorf entfernt, einen Reiseunfall hatte. Seine Postkutsche ist am Elsterfluss in überschwemmtes Gebiet geraten und umgestürzt. Das Reisegepäck ist durchnässt und die Reisenden müssen mit einem mehrtägigen Aufenthalt rechnen, bis ihre Sachen wieder trocken sind. Zinzendorf möchte die Zeit nutzen, um sich mit dem Freund zu treffen. Sofort schickt ihm der Neunundzwanzigste eine dringende Einladung nach Ebersdorf.

So steht Zinzendorf kurze Zeit später im Schlosshof und wird von dem Freund und seiner Familie herzlich willkommen geheißen. Allerdings ist die Sache nicht ohne peinlichen Hintergrund. Zinzendorf ist nämlich auf dem Weg nach Castell, um sich Theodores Jawort zu holen. Er kommt von Großhennersdorf, wo er sich von seiner Großmutter, der Landvögtin Henriette Katharina von Gersdorf, das Einverständnis zu der Heirat mit Theodore erbitten wollte. Die Großmutter aber hat Bedenken wegen der zu nahen

Verwandtschaft der jungen Leute; denn Zinzendorfs verstorbener Vater war der Bruder von Theodores Mutter.

Außerdem ist die Landvögtin eine der Freundinnen, die der Gräfin Reuß Theodore als Braut für ihren Sohn vorgeschlagen haben. Zinzendorf ist sehr betroffen von der Eröffnung, dass er ausgerechnet den Heiratsplan seines besten Freundes durcheinander bringen muss. Aber er ist sehr verliebt in Theodore, die allerdings bis jetzt mit ihrer Zusage noch gezögert hat. Umso dringlicher scheint es ihm, sofort nach Castell zurückzufahren.

Und nun dieser Unfall ganz in der Nähe von Ebersdorf, wo er auf dieser Reise bestimmt nicht einkehren wollte! Für den jungen Pietisten ist die umgestürzte Postkutsche kein Zufall, sondern er ist überzeugt, dass er von einer höheren Macht angehalten worden ist, um seine Schritte nach Ebersdorf zu lenken.

So also lernt Erdmuth den jungen Zinzendorf im Februar 1721 kennen. Sie kann verstehen, dass ihr Bruder von diesem Freund in schwärmerischen Tönen spricht; denn der Graf ist ein junger Mann von gewinnendem Wesen und vollendeten Umgangsformen, temperamentvoll und anregend, der Mittelpunkt jeder Gesellschaft.

In der Familie seines Freundes fühlt er sich sogleich unglaublich wohl. Er ist fasziniert von der kleinen Schlossgemeinde, wo sich unter dem Einfluss Hochmanns von Hochenau eine »Erbauungs- und Lebensgemeinschaft« gebildet hat, die offen ist für verschiedene kirchliche Richtungen und Strömungen. Alle aber verbindet die »Haltung, ganz mit und in Jesus zu leben«[8]. Gegen seine ursprüngliche Absicht dehnt Zinzendorf seinen Aufenthalt auf zwei Wochen aus.

Über das anfangs unangenehme Thema Theodore von Castell spricht man schließlich ganz offen. Zinzendorf ist sehr verunsichert durch das Postkutschenerlebnis und grübelt darüber nach. Außerdem erscheint es ihm nicht mehr so wahrscheinlich wie noch vor einigen Wochen, dass Theodore »Ja« sagen wird. Dann sind da noch die Einwände der Großmutter gegen diese Heirat und endlich die Hoffnungen des Freundes auf Theodore, die er durchkreuzt hat. Schließlich macht er den hochherzigen Vorschlag, mit dem Neunundzwanzigsten zusammen nach Castell zu reisen, Theodore zwischen den beiden Freiern entscheiden zu lassen und ihre Wahl als Gottes Willen anzunehmen.

Kurze Zeit später trifft in Ebersdorf die Nachricht ein, dass Theodore sich mit Heinrich XXIX. von Reuß verlobt hat. Sie war sich in Zinzendorfs Abwesenheit darüber klar geworden, dass sie sich zu einer Heirat mit ihm nicht würde entschließen können. Der junge Graf Reuß hingegen hat ihr Herz schnell gewonnen.

Zinzendorf ist natürlich sehr enttäuscht und betrübt. Trotzdem versucht er, sich bei Theodores Mutter, die ihn als Schwiegersohn favorisiert hatte, für den Freund einzusetzen. Aber er muss sehr darum kämpfen, sich Gottes Fügung beugen zu können, die er im Gang der Ereignisse wirksam sieht. Trost sucht er bei den Ebersdorfern, denen er sich schon ganz verbunden fühlt. Überraschend erhält Erdmuth einen Brief von ihm vom 5. März 1721, dem Tag der Verlobung in Castell:

> *»Meinem alten Adam ist's doch etwas sauer geworden, eine so holdselige Cousine zu quittieren. Es wird aber der Liebe himmlische Vater auch für mich Dürftigen ... sorgen und mir, wenn es nötig ist, wieder etwas Gutes bescheren.«*[9]

Was soll Erdmuth davon denken? Sind in diesem Brief bereits zarte Andeutungen auf ihre Person enthalten? Jedenfalls verbringt Zinzendorf die beiden nächsten Monate in Ebersdorf, wo ihn die alte Gräfin Reuß mit offenen Armen aufnimmt und sein großmütiges Verhalten in der Sache mit Theodore nicht genug rühmen kann. Bei diesem zweiten Aufenthalt in Ebersdorf lernen sich Erdmuth und Ludwig von Zinzendorf noch besser kennen als bei seinem ersten Besuch, wo er ja in seinen Gedanken ganz bei Theodore war.

Zunächst macht allerdings Benigna einen tiefen Eindruck auf ihn, die »einsame Comtesse, die Gottesmagd« und ihre mystische Jesusliebe. Seit seiner Kindheit ist Zinzendorf in einer engen persönlichen Verbindung zu Christus gestanden, die hier in Ebersdorf unter dem Einfluss Benignas eine neue Qualität bekommt: »Ich hab in Ebersdorf einen Hauptpunkt gefunden«, bekennt Zinzendorf

*Erdmuth Dorothea Gräfin Reuß
im Alter von 16 Jahren*

später, »ich habe da die Gestalt des Heilandes kennen lernen dürfen und mein Präzeptor (Lehrer) ist die Benigna von Pottiga gewesen.« Was ihm Benignas Frömmigkeit so anziehend macht, ist ihre Ausstrahlung, an der nichts Zerknirschtes und Trübsinniges ist, wie man das sonst manchmal im Pietismus erlebt. Aus Benignas Jesusliebe aber leuchtet die »Freude, die man Seligkeit nennt[10]«.

Etwas mehr von dieser Welt ist die anmutige Erdmuth, die das Hauswesen besorgt und von allen Bediensteten und Gästen »ungemein geliebt und geschätzt« wird. Sie ist eine zierliche Person, »etwas unter mittlerer Größe«, hat angenehme, kluge und energische Gesichtszüge, wie ihr Jugendporträt zeigt. In Gesellschaft wirkt sie eher still, sagt selbst »nicht viel Witziges«, freut sich aber »an der guten Laune anderer«[11].

Auch für Erdmuth ist Benigna der »Präzeptor« gewesen, auch sie teilt die tiefe Liebe zu Christus. Lange geistliche Gespräche gibt es zwischen ihr und Zinzendorf. Erdmuths »feines Gemüt«[12] übt eine immer größere Anziehungskraft auf ihn aus. Sie sei »artig und wohlgestalt«, schreibt er an seine Mutter, »von einem aufgeweckten, munteren Geiste und von liebreichem Umgang mit jedermann«, und sie habe »den allgemeinen Ruhm der Weisheit und Gütigkeit«[13]. Es ist kein Wunder, dass der Wunsch in ihm auftaucht, sie zur Ehefrau zu gewinnen. Aber die Zeit ist noch nicht reif für neue Heiratspläne; außerdem zeigt Erdmuth sich sehr zurückhaltend. Zinzendorf reist ab, ohne seine Absichten deutlich zu erklären.

Zinzendorfs Pläne

In den folgenden Monaten hört Erdmuth immer wieder von Zinzendorf, dessen Zukunftsaussichten sich allmählich klären. Auf den dringenden Wunsch seiner Großmutter hin muss er ein Staatsamt als Justizrat an der Dresdner Landesregierung annehmen, wohin es ihn persönlich gar nicht zieht; denn man erzählt sich schlimme Dinge über die Sitten am kurfürstlichen Hof. Die Großmutter Henriette Katharina von Gersdorf versüßt ihm allerdings die bittere Pille des Dresdner Amtes mit dem Angebot, ihm das Gut Berthelsdorf in der Nähe von Großhennersdorf zu einem sehr günstigen Preis zu überlassen.

Damit würde der junge Zinzendorf einen Landsitz, eine »Standesherrschaft« besitzen – ein Zukunftstraum würde sich für ihn erfüllen! In einer eigenen Standesherrschaft könnte er eine »Schlossecclesiola«, eine Gemeinschaft von gleichgesinnten Christen aufbauen, so ähnlich wie in Ebersdorf, eine Hausgemeinde, die im Dienst des Heilands steht. Und niemand würde besser als Hausmutter in dieses Zukunftsbild passen als Erdmuth, die im Ebersdorfer Geist erzogen ist.

Werbung um Erdmuth

Allerdings hat Erdmuth bis jetzt auf seine Briefe nicht geantwortet und die Korrespondenz mit Zinzendorf ihrer Mutter und dem Hofmeister Bonin überlassen, der am Ebersdorfer Hof eine geachtete Stellung hat. Bonin ist ein eifriger Anwalt für Zinzendorfs Heiratspläne bei der Gräfin. Auch Heinrich XXIX. setzt sich bei seiner Mutter für den Freund ein, dem er sich sehr verpflichtet fühlt, weil er ihm sozusagen zu seiner Braut verholfen hat. Aber die alte Gräfin hängt sehr an ihrer Tochter und will sie nicht so weit weg von Ebersdorf ziehen lassen, schon gar nicht in die sündige Stadt Dresden. Sie fragt die Herzogin von Braunschweig-Wolfenbüttel, Erdmuths Patin, um Rat, ob sie dieser Heirat zustimmen soll; denn es ist ihr »der Ort Dresden so sehr zuwider, mein Kind an einem für dieselbige so eitlen gefährlichen Ort zu wissen, dass ich noch zur Zeit mehr dawider als dafür bin«. Die Herzogin versteht die Bedenken der Gräfin Reuß, kann aber »die Heirat nicht widerraten«. Zwar findet sie auch, dass Dresden »nicht fein« ist, »doch kann Gott auch in der ärgsten Welt einen bewahren vor allen Übeln«[14]. Das gewichtige Wort der Herzogin trägt nicht wenig dazu bei, Erdmuths Mutter allmählich umzustimmen.

Erdmuth selbst verhält sich erstaunlich passiv, sie ist »still wie ein Lamm«, so schreibt Bonin an Zinzendorf, und wird es »wohl lediglich auf göttliche Führung und der gnädigen Mama Ausspruch ankommen lassen. Soviel aber kann man gar eigentlich merken, dass sie gar gern von Euer Gnaden reden hört und Ihnen gar nicht abgeneigt...«[15]. Wenn Zinzendorf sich bei der Mutter beschwert, dass die »faule, aber doch liebe Comtesse Erdmuth« seine Briefe nicht beantwortet, lässt diese ihm ausrichten, sie wolle ihm mit ihrer »hässlichen Schrift« nicht »beschwerlich fallen«[16].

Erst im Herbst 1721, als Zinzendorf der Komtesse dringlicher schreibt und ihr deutlicher seine Heiratsabsichten darlegt, bekommt er ein etwas schnippisches Briefchen von ihr. Sie habe geglaubt, dieser Einfall sei schon längst vergessen:

> *»Dieses ist mir aber sehr lieb, dass Ew. Liebden schreiben, es müsste erst noch wohl bei Ihnen mit Gebet durchgekocht werden, welches denn auch bitte zu tun, so werden Ew. Liebden vielleicht auf andere und für Sie bessere und nützlichere und glücklichere Gedanken kommen.«*[17]

Aber Zinzendorf lässt sich nicht abschrecken. Er berichtet in weiteren Briefen an Erdmuth von einem kleinen Kreis von Gleichgesinnten in Dresden, von »Kindern Gottes«, die sich um ihn sammeln: »O wie wünschte ich Sie dazu, liebe Comtesse!«[18] Auch die alte Freundin Erdmuths aus ihrer Dresdner Zeit, die Geheimsekretärin Link, gehört zu dem Kreis. Zinzendorf versucht, auf diese Weise das verdächtige Dresden der jungen Gräfin etwas schmackhafter zu machen, und bittet sie dringend, seine Briefe zu beantworten.

Verlobung und Heirat

Als Zinzendorf im Mai 1722 sein väterliches Erbe ausgezahlt bekommt und das Gut Berthelsdorf käuflich erwerben kann, dauert es nicht lange, bis er persönlich in Ebersdorf auftaucht und Erdmuth bittet, seine Frau zu werden. Bei seiner Werbung bemüht er sich um Aufrichtigkeit und beschreibt ihr eindringlich seinen Lebensentwurf:

Verlobung von Nikolaus Ludwig Graf Zinzendorf mit Erdmuth Dorothea Gräfin Reuß: mit ihrer Mutter und ihrem Bruder. Ölgemälde von J. V. Haidt

»Ich liebe Ew. Liebden von ganzem Herzen und innigsten meiner Seele, aber den Herrn Jesum liebe ich noch viel mehr.«[19] Er möchte auch als Ehemann die Freiheit behalten, jedem Ruf seines Herrn zu folgen. Wie dieser Ruf aussehen und wohin er führen könnte, ist Zinzendorf noch keineswegs klar, vielleicht sogar »unter die Heiden, um ihnen den Heiland zu predigen«[20]. Er glaubt, in Erdmuth die Frau gefunden zu haben, die »einen Mann haben kann, als hätte sie keinen und die Jesum Christum über alles liebet«[21]. Was ihm vorschwebt, ist eine »Streiterehe«, wo es nicht so sehr um das persönliche Glück der Eheleute geht als um die gemeinsame Arbeit für das Reich Gottes. Dabei soll die Ehefrau alle verwaltungsmäßigen, wirtschaftlichen und familiären Aufgaben übernehmen, um ihren Mann für den Dienst seines Herrn freizustellen.

Sicher hätten sich viele andere Frauen von einer solchen Werbung abschrecken lassen, aber Erdmuth versteht und teilt Zinzendorfs Gedanken. Ihr Opfersinn ist angesprochen und ihre große Bereitschaft zur Nachfolge Christi, die auch Entbehrung und Verzicht bedeuten kann. Sie willigt ein, die »Leid- und Freudengenossin«[22] dieses Mannes zu werden. Auch die beiden Familien stimmen nach vielen Bedenken der Heirat zu.

Am 16. August 1722 wird in Ebersdorf Verlobung gefeiert und am 7. September werden Nikolaus Ludwig von Zinzendorf und Erdmuth Dorothea von Reuß in der Schlosskapelle von Ebersdorf getraut. Bezeichnend für das große Einverständnis der beiden im Hinblick auf ihre »Streiterehe« ist die Inschrift auf ihren Trauringen: Auf dem Ring der Gräfin ist eingraviert: »Lasset uns ihn lieben«, auf dem des Grafen: »denn er hat uns zuerst geliebt.«[23]

2. Die ersten Ehejahre

Das junge Ehepaar Zinzendorf bleibt nach der Hochzeit noch drei Monate in Ebersdorf; denn in Berthelsdorf muss das verfallene Schloss erst noch für die neuen Besitzer hergerichtet werden. Damit ist der Gutsverwalter Heitz beauftragt. In seinen Briefen hält er Zinzendorf auf dem Laufenden über den Fortschritt der Arbeiten. Es geht langsam voran, weil der Graf die nötigen Geldmittel nicht zur Verfügung stellen kann. Heitz muss manchmal die Bauarbeiter und die Bauern, die das Baumaterial herbeischaffen sollen, aus eigener Tasche bezahlen.

Herrnhut

Außerdem berichtet Heitz von der Ankunft der mährischen Flüchtlinge im Juni 1722, denen er Grund und Boden zur Ansiedlung zugewiesen hat. Zinzendorf spricht darüber mit seiner Frau und mit seinem Schwager, dem Neunundzwanzigsten. Er kann die Begeisterung seines Gutsverwalters über das Projekt der neuen Siedlung nicht ganz teilen; denn er sieht voraus, dass die kurfürstliche Regierung in Dresden ihm Schwierigkeiten machen wird, wenn er mährische Exulanten aus dem benachbarten habsburgischen Reich aufnimmt. Ob es nicht besser wäre, diese Leute im Herrschaftsgebiet des Grafen Reuß anzusiedeln, der in seiner Reichsgrafschaft keine kurfürstliche Obrigkeit über sich hat? Zinzendorf sieht sich schon nach einem geeigneten Grundstück um und schreibt seinem Verwalter davon. Der wird ganz aufgeregt: Ehe Zinzendorf sich anderweitig festlegt, soll er doch unbedingt zuerst die Siedlungsanfänge bei Berthelsdorf in Augenschein nehmen: Heitz hat dabei die Vision einer Stadt, »die nicht nur unter des Herrn Hut stehe, sondern da auch alle Inwohner auf des Herrn Hut stehen, dass Tag und Nacht kein Stillschweigen bei ihnen sei«[24]. Damit hat Heitz der »Stadt« ihren Namen gegeben: »Herrenshut«, später »Herrnhut«.

Man hat auch endlich nach langen Grabungen Wasser im Bereich der Siedlung gefunden, so berichtet der Verwalter eifrig; viele Leute würden sich gern da niederlassen, »wenn es die Mittel zuließen«. Er schließt mit der Versicherung: »Herrenshut ist ein angenehmer, wohlgelegener Ort ... Es könnte da ein feines Städtchen werden.«[25]

Zinzendorf gibt schließlich die Ebersdorfer Pläne auf, kann aber nicht gleich auf sein Gut zur Besichtigung kommen, weil er nach monatelanger Abwesenheit seine Arbeit in der Dresdner Landesregierung wieder aufnehmen muss.

Am 20. November 1722 schlägt die Stunde des Abschieds von Ebersdorf. Gräfin Reuß trennt sich nur sehr schwer von Erdmuth. Mutter und Tochter werden in den folgenden Jahren in regem brieflichen Austausch stehen, wobei Erdmuth dankbar auf mütterliche Teilnahme, Rat und Hilfe zählen kann.

In Dresden

Zinzendorfs Großmutter, die Landvögtin Henriette Katharina von Gersdorf, hat es sich nicht nehmen lassen, für eine angemessene Wohnung in Dresden zu sorgen, da sie es war, die ihren Enkel unbedingt in einem Staatsamt sehen wollte. Bei Bürgermeister Schwarzbach hat sie »drei Treppen hoch vier Stuben vorn heraus für 100 Reichstaler jährlich« gemietet und für das junge Paar standesgemäß einrichten lassen. Als Zinzendorf seine Frau in die mit schönen Möbeln wohl ausgestattete Wohnung führt, ist Erdmuth ganz benommen von dieser Pracht. Sie bricht in Tränen aus in Gedanken an das einfache und schlichte Leben in der Nachfolge Christi, zu dem sie beide ja entschlossen sind.

»Dies tröstet mich«, schreibt sie in ihrem ersten Brief aus dem neuen Heim an ihre Mutter, *»dass der liebe Gott weiß, dass wir im Geringsten nicht Schuld an diesen Tändeleien sind ...«*[26]

Kurz nach der Ankunft in Dresden lernt Erdmuth den Jugendfreund ihres Mannes aus der Schulzeit in Halle kennen, Friedrich von Watteville, einen Schweizer Baron. Er ist Bankier und hat in letzter Zeit bei seinen Geschäften in Paris viel Geld verloren. Davon hat Zinzendorf gehört und den Freund dringend nach Dresden und Berthelsdorf eingeladen.

Watteville macht einen sehr niedergeschlagenen Eindruck. Er befindet sich nicht nur in einer finanziellen Misere, sondern auch in einer Lebens-und Glaubenskrise. Von seinem Freund Zinzendorf, der ihn schon damals in Halle in seinen Bibel-und Gebetskreis mit einbezogen hat, erhofft er sich Hilfe. Zinzendorf seinerseits möchte Watteville gern in seiner Nähe behalten; vielleicht könnte er in Berthelsdorf wieder neu Fuß fassen. Deshalb lädt er ihn ein, mit ihm und Erdmuth zusammen am 22. Dezember nach Berthelsdorf aufzubrechen. Es ist die Fahrt, auf der sie die denkwürdige Begegnung mit den mährischen Ansiedlern am Fuß des Hutbergs haben.

Weihnachten in Berthelsdorf

Von Herrnhut ist es nur eine Viertelstunde hinunter nach Berthelsdorf, wo der Gutsverwalter das gräfliche Paar und seine Begleitung im Schlosshof empfängt. Erdmuths erster Eindruck von ihrer neuen »Residenz« ist nicht gerade berückend. Das verfallene Gebäude sieht noch sehr nach Baustelle aus, aber Heitz hat sich bemüht, wenigstens eine Stube halbwegs gemütlich für die Herrschaften herzurichten. Er selbst wohnt schon seit einiger Zeit mit seiner Frau im »Schloss« unter den primitivsten Umständen.

Aber das alles ist Nebensache, als man sich am Weihnachtsabend zur Christmette in der kleinen Dorfkirche einfindet. Der neue Pfarrer Johann Andreas Rothe, den Zinzendorf für Berthelsdorf gewinnen konnte und mit dem er inzwischen gut befreundet ist, gestaltet eine bewegende gottesdienstliche Feier. Um Graf und Gräfin Zinzendorf sind schon die ersten Mitglieder ihrer künftigen »Schlossecclesiola« versammelt: Friedrich von Watteville, das Ehepaar Heitz, Tobias Friedrich, ein musikalischer Bauernbursche, den Zinzendorf in Castell kennen gelernt und in seinen Dienst genommen hat, und Johanna von Zeschwitz mit ihren beiden Schwestern. Johanna war in Großhennersdorf Haushälterin, wo sie mit Zinzendorf bekannt geworden ist. Die drei Fräulein von Zeschwitz sind nach Berthelsdorf gezogen, um »Christum noch besser kennenzu lernen«[27]. Zu dieser Schlossgemeinde und den Dorfleuten gesellen sich die mährischen Familien, die aus der neuen Siedlung in die Kirche herunter gekommen sind. Sie alle erleben ein unvergessliches Weihnachtsfest und fühlen sich als ein »verbundenes Häuflein«[28].

Die Verwandten in Großhennersdorf

Wenige Tage später fährt das gräfliche Paar hinüber nach Großhennersdorf, wo sie schon dringend erwartet werden und für die nächste Zeit Quartier nehmen sollen, da es in Berthelsdorf doch noch sehr unbequem ist. Erdmuth lernt nun die Heimat und die Verwandten ihres Mannes kennen. Zinzendorfs Großmutter und Tante Henriette, eine Schwester seiner Mutter, die den kleinen »Lutz« erzogen haben, behandeln den erwachsenen Mann nach wie vor wie ein unmündiges Kind, was Erdmuth erstaunt und empört registriert. Schon bei einem ersten Besuch der Tante in Dresden war ihr »manchmal Angst« geworden, wie sie ihrer Mutter schrieb: Die Tante

> *»hat sehr indifferent (gleichgültig) gegen mich getan und mit meinem lieben Mann nach Gewohnheit sehr verächtlich umgegangen, in meiner Präsens ihn ausgescholten und alles widersprochen und kann ich nicht sagen, dass mein Herz mich zu ihr trägt ...«*[29].

Jetzt in Hennersdorf versucht Erdmuth alle Konflikte zu vermeiden und kann der Mutter melden: »Die hiesige Tante tut etwas besser gegen mich als zu Dresden...«. Die Großmama »bezeugt sich noch bis dato sehr freundlich gegen uns beide«; aber sie meint, über die Zeit und den Tageslauf der jungen Leute bestimmen zu können. Als Erdmuth die Absicht kundtut, nach Neujahr wieder einige Tage in Berthelsdorf zuzubringen, erregt sie »einigen Unwillen«. Nur mit Mühe erlangt das junge Paar die Erlaubnis zu kurzen Tagesbesuchen auf dem Gut. Als die Gräfin Reuß von diesen Schwierigkeiten erfährt, ist sie ziemlich aufgebracht und versucht ihrer Tochter den Rücken gegen die neue Verwandtschaft zu stärken. Sie meint, diese Behandlung sei

> »*ein wenig zu viel für Leute, die doch ihre eigenen Herrn sind, man muss dergleichen Prätentionen (Forderungen) bescheidentlich von sich ablehnen, und dabei weder den schuldigen Respekt noch auch den gebührenden Gehorsam vergessen, ich stelle Dich mir bei dergleichen Begebenheiten immer vor, weil ich weiß, dass Du so blöde (ängstlich) und zaghaftiglich, ja furchtsam bist, Gott gebe Dir ein wenig mehr Herz und Munterkeit, wo es sein soll, dass Du der Sachen weder zu viel noch zu wenig tust ...*«[30]

Ob Erdmuths Selbstbewusstsein durch diese Ermahnungen gestärkt wird? Die Situation in Hennersdorf bleibt auch weiterhin sehr schwierig für sie, weil die Verwandten ständig an Zinzendorf herumkritisieren und von Erdmuth dieselbe Haltung fordern:

> »... sie wollen haben, ich soll mit gegen ihn angehen und da ich's nicht tue, erfahre ich Gleiches mit. Sie prätendieren (fordern) einen sklavischen Gehorsam von uns beiden, und das bin ich freilich nicht gewohnt ...«

Aber etwas Gutes sieht Erdmuth doch in diesen verdrießlichen Zuständen: »... dass wir beide uns unter allen diesen Drückungen einander immer lieber kriegen und da lässt sich alles ertragen«[31]. Die Solidarität und Liebe des Paares wächst unter solchen Schwierigkeiten. Wenn zu Beginn der »Streiterehe« die religiösen Gefühle überwogen haben, so findet Erdmuth jetzt ganz menschlich-glückliche Töne: »Wir leben Gott sei Dank recht sehr vergnügt miteinander und stehen Böses und Gutes miteinander aus ...«[32].

Friedrich von Watteville

Sooft es irgend geht, flüchten Graf und Gräfin nach Berthelsdorf. Der kleine Kreis von Gleichgesinnten um Pfarrer Rothe wird ihnen immer wichtiger. Alle aber spüren, dass einer von ihnen, Friedrich von Watteville, mit tiefer innerer Verzweiflung kämpft. Seine Fragen nach der Existenz Gottes bedrängen ihn mit immer größerer Wucht bis hin zu Selbstmordgedanken. Johanna von Zeschwitz und Graf Zinzendorf nehmen sich seiner an, sie beten mit ihm und lesen Bibeltexte, bis es plötzlich »in das Herz hinein war und der neue Mensch zur Welt oder aus Gott geboren war«[33]. Watteville erlebt also eine »geistliche Geburt«, eine Bekehrung, und ist von diesem Zeitpunkt an ein treues Mitglied der kleinen Schlossgemeinde. Er bleibt in Berthelsdorf, zieht dann nach Herrnhut und wird einer der wichtigsten Mitarbeiter des Grafen und auch der Gräfin Zinzendorf. Später heiratet er Johanna von Zeschwitz, die ihm in seinen inneren Kämpfen entscheidend geholfen hat.

Kurz nach seiner Bekehrung, im Frühjahr 1723, hat Watteville ein bestürzendes Erlebnis. Vor seiner Tür stehen eines Tages Soldaten des Kurfürsten und nehmen ihn gefangen. Watteville weiß nicht, wie ihm geschieht, bis er erfährt, dass ein Bekannter von ihm, ein schwedischer Oberst, einen Mord begangen hat und dass in seinem Gepäck ein Brief Wattevilles gefunden worden ist. Als »Landfremder« ist Watteville den kurfürstlichen Behörden sofort verdächtig. Obwohl sich seine Unschuld schnell herausstellt und er wieder entlassen wird, hat die Geschichte doch alle Freunde in Berthelsdorf und Hennersdorf in größte Aufregung versetzt. Auch Gräfin Erdmuth, die gerade eine längere Krankheit durchmachen muss, ist von der »ungerechten und harten Behandlung dieses sehr nahen Gemütsfreundes«[34] tief betroffen.

Gutsverwalter Heitz

Aufregungen anderer Art gibt es mit dem Gutsverwalter Heitz während der vier Monate, die das Herrschaftspaar in der Oberlausitz zubringt. Watteville und Zinzendorf müssen zwischen Pfarrer Rothe und Heitz vermitteln; Letzterer hält Bibelstunden ab, zu denen auch die mährischen Siedler aus Herrnhut kommen. Als gebürtiger Schweizer gehört Heitz dem reformierten Bekenntnis an und vertritt in diesen Stunden ganz offen die Lehre seiner Kirche, was der lutherische Pfarrer Rothe in seiner Gemeinde nicht dulden will.

Aber auch auf anderem Gebiet ist mit Heitz nicht leicht auszukommen. Wenn der Graf und vor allem die Gräfin versuchen, sich einen Einblick in die Verwaltung des Gutes und in seine Erträge zu verschaffen oder gar Verbesserungsvorschläge zu machen, beißen sie bei Heitz auf Granit. Er hat bis jetzt völlig selbstständig gewirtschaftet und ist nicht gewillt, sich von seiner Herrschaft etwas vorschreiben zu lassen.

»Herr Heitz versteht es schon«, meint die Gräfin, »er ist gar ein feiner Mann, aber viel einreden lässt er sich nicht.«[35] Da sie mit ihrem Mann im April wieder nach Dresden zurückkehren muss, macht sie den vernünftigen Vorschlag, das Gut an Heitz zu verpachten, »zumal er selbst dazu inkliniert (neigt) und deswegen, weil Herr Heitz sich nicht viel sagen lässt und wir hundert Händel mit ihm haben würden, da wir nun auch die ganze Zeit nicht dort sein können«[36].

Aber man lässt diesen Plan wieder fallen, da die Verstimmungen mit Heitz laufend zunehmen. Schließlich bittet der Verwalter um seine Entlassung; trotz aller Vermittlungsversuche von Seiten Wattevilles und trotz aller Versöhnungsangebote Zinzendorfs bleibt er bei dem Entschluss, »lieber ganz aus dem Wege zu gehen«[37]. Kurz vor der Einweihung des endlich fertig gestellten Schlosses im Sommer 1723 verlässt sein Erbauer Berthelsdorf und zieht in die Gegend von Nürnberg, während ihm die Dorfbewohner und die Siedler in Herrnhut noch lange nachtrauern und immer wieder vergebliche Versuche machen, ihn zurückzuholen.

Finanzprobleme

Nach dem Wegzug von Heitz ist es Gräfin Zinzendorf, die über die beiden Güter Nieder-und Mittelberthelsdorf, die zu ihres Mannes Besitz gehören, die Oberaufsicht übernimmt. Das ist besonders schwierig, weil sie ja die Hälfte des Jahres in Dresden zubringen muss. Es bleibt nichts anderes übrig, als die Güter zu verpachten, aber von den kärglichen Pachterträgen kann Erdmuth kaum einen standesgemäßen Haushalt in der Stadt bestreiten, auch wenn sie äußerste Sparsamkeit walten lässt. Als letztes Mittel muss sie manchmal ihren Schmuck verpfänden. Von seiner Arbeit als Jurist in der Landesregierung hat Zinzendorf keinerlei Einkünfte, da es sich sozusagen um ein Ehrenamt handelt.

Zum Glück hilft die Hennersdorfer Großmutter immer wieder mit Geld aus, will aber in dem jungen Haushalt auch ein wenig mitregieren: Sie ermahnt Erdmuth, neue Kutschgeschirre anzuschaffen, damit die Zinzendorfs nicht zum Gespött der Stadtleute werden, wenn sie mit den alten Geschirren spazieren fahren, die auf dem Land hergestellt sind. Ein andres Mal findet die Landvögtin, dass Zinzendorfs Schlafrock gar zu »zerfranst«[38] aussehe, und sorgt für ein neues Kleidungsstück.

Obwohl also hinten und vorn kein Geld vorhanden ist, hat Zinzendorf auf seinem Gut große Baupläne. Die Siedlung in Herrnhut vergrößert sich: 1723 lässt Zinzendorf zu dem ersten Haus noch fünf weitere bauen, da viele neue Flüchtlinge aus Mähren den ersten gefolgt sind. Mit seinen Freunden Watteville, Rothe und Magister Scheffer aus Görlitz plant der Graf außerdem den Bau einer Landschule für junge Adlige; darin soll auch ein Saal für Versammlungen entstehen. Außerdem möchte Zinzendorf die Berthelsdorfer Kirche erweitern lassen und eine eigene Druckerei für seine Veröffentlichungen einrichten, um die Zensurbestimmungen in Dresden zu umgehen. Alle diese Pläne sind für Zinzendorf wichtige Voraussetzungen für seine Reich-Gottes-Arbeit.

Wenn Erdmuth in Dresden ist, steht sie in ständiger Korrespondenz mit den verantwortlichen Freunden auf den Gütern. Jede Kleinigkeit wird ihr mitgeteilt und ihr Rat dazu eingeholt. Watteville leitet den Bau der Landschule in Herrnhut, Rothe den Umbau der Kirche in Berthelsdorf und Gutbier, ein Arzt, der sich in Herrnhut niedergelassen hat, bekommt die Oberaufsicht über die Pächter. Von allen Seiten sieht sich die Gräfin mit Geldforderungen konfrontiert. Sie muss Kredite aufnehmen und dabei die Möglichkeiten der Rückzahlung richtig abwägen. Ihr wichtigster Berater auf diesem Gebiet ist Watteville, der ehemalige Bankier, der sich mit Finanzoperationen auskennt.

Allmählich entwickelt die Gräfin einen sicheren Geschäftssinn, den Zinzendorf sehr bewundert, da dieser ihm selbst völlig abgeht. Er hätte sich nie getraut, Schulden zu machen. Später wird er sich erinnern, dass er in diesen Aufbauzeiten »über 300 Taler Engagement (Schulden) nicht nur betete und weinte, sondern meine Frau und Watteville beinahe zu fressen schien«[39]. Erdmuth hat also bei der »Verschuldung der Güter fürs Volk«[40], wie Zinzendorf das nennt, bei ihrem Mann große Widerstände zu überwinden. Aber ohne ihre gleichzeitig mutige und vorsichtige Geld- und Schuldenpolitik wären Zinzendorfs Projekte unmöglich zu verwirklichen.

Zinzendorf und das Geld

Obwohl Zinzendorf das Schuldenmachen wie die Pest fürchtet, geht er mit Geld sehr sorglos um, ganz wie ein großer Herr, der aus dem Vollen schöpfen kann. Daraus ergibt sich natürlich ein weiteres Problem für die Gräfin. »Geld und ich«, sagt Zinzendorf einmal in schöner Selbsterkenntnis, »sind Sachen, die ganz weit voneinander sind.«[41] Ein anderes Mal meint er: »Wenn sich dergleichen Brüder wie ich ... Geld geben lassen, so ist es bald weg.«[42]

Zinzendorf hilft bereitwillig und freigebig, wenn er irgendwo einen Mitmenschen in Not sieht. Seufzend schreibt Watteville im Dezember 1723 aus Berthelsdorf an die Gräfin in Dresden:

> *»Den Mangel an Geld haben Eure Gnaden Dero und des Herrn Grafen extremer Generosité (Freigebigkeit) zuzuschreiben. Es muss aber der Segen vom Herrn notwendig darauf folgen.«*[43]

Auch Zinzendorfs Schwiegermutter, die Gräfin Reuß in Ebersdorf, hat schon die Erfahrung gemacht, dass ihr Schwiegersohn mit Geld nicht umgehen kann. Nur zögernd vertraut sie ihm eine größere Summe für die Berthelsdorfer Landwirtschaft an, als er in Ebersdorf zu Besuch ist, und schreibt gleichzeitig besorgt an ihre Tochter:

> *»Deinem Herrn gebe ich die 200 Taler Stroh zu kaufen gegen eine schriftliche Versicherung mit, habe ihm aber sehr eingebunden, es nicht anzugreifen, wollte sie ihm deswegen erst nicht mitgeben. Er hat mich teuer versprochen, es überzubringen ...«*[44]

Kein Wunder, dass man sich in Finanzdingen lieber an die Gräfin wendet. »Mit dem gnädigen Herrn«, schreibt ihr Friedrich von Watteville in schonungsloser Offenheit, »habe nicht gern dergleichen Sachen allein abzutun, sie versprechen zu viel oder lassen einem alles über ohne Resolution (Entscheidung).«[45]

Zinzendorfs Zusagen und Versprechungen, oft rasch und aus dem Augenblick heraus gegeben und dann nicht eingehalten, ebenso seine sprunghaften Einfälle kennt Erdmuth gut und weiß sie einzuordnen. Im Juli 1726 ist er zu einer Reise nach Schlesien aufgebrochen, um dort mit dem Kardinal von Schrattenbach über eine Tolerierung der Brüderkirche in Mähren zu sprechen. Da die Reise nicht ungefährlich ist, hat er seiner Frau das Ziel zunächst verschwiegen, bittet sie aber von Görlitz aus, zu ihm zu kommen. Erdmuth antwortet ziemlich entrüstet aus Berthelsdorf:

»Mein liebes Kind. Ich übergehe mit Stillschweigen, dass ich nun nicht einmal habe halten sehen, was versprochen worden, welches denn bitte ins Künftige nur nicht als gewiss mehr zu sagen, so ist es schon gut, und man wartet und sorgt nicht vergebens, aber wundern tut mich sehr, dass Du auf die Gedanken kommst, mich nach Görlitz zu bestellen, da ich ja nicht wüsste, wie ich fortkommen könnte, habe weder Pferd noch Kutscher ... Gott wende alles, wie er sieht, dass es gut ist, und lasse mich über diese Zusammenkunft beschämt werden, von der ich sonst glaube, dass wieder Projekte, die nicht gehalten werden, und Schlösser, die in die Luft gebaut werden, zum Vorschein kommen werden ...«[46]

Wenn Erdmuth hier ihrem Mann recht offen die Meinung sagt, so hält sie doch in unverbrüchlicher Solidarität zu ihm, wenn er von anderen angegriffen wird, »indem«, so meint sie, »was ihm geschieht, mir näher geht, als wenn ich es leiden müsste.«[47] Die beiden ergänzen sich sehr gut: Ihre nüchterne, ausgleichende Art ist das unentbehrliche Gegengewicht zu Zinzendorfs überschäumender, genialer Aktivität. Und immer steht für beide die gemeinsame Aufgabe im Vordergrund, die Arbeit für das Reich Gottes.

Gäste in Berthelsdorf

Gegen Ende des Jahres 1724 wollen die Zinzendorfs auf ihr Landgut hinausfahren. Der Graf hat großzügig Gäste eingeladen und damit seine Frau und die Berthelsdorfer Dienstleute in aufgeregte Geschäftigkeit gestürzt. Ob man die Gäste standesgemäß empfangen und bewirten kann? Ein Schwein, Hühner und Gänse müssen noch schnell gemästet werden, der Förster kann Rebhühner und Hasen liefern, aber Rindfleisch, Fische und Krebse müssen auswärts eingekauft werden. Vor allem aber muss die Gräfin Geld borgen, um das gräfliche Tafelsilber, das sie versetzt hat, wieder einzulösen! Es ist nicht einfach für Erdmuth, unter solchen Umständen die Rolle der unbeschwerten, liebenswürdigen Gastgeberin zu spielen!

Im Frühjahr 1725 sieht die wirtschaftliche Lage besonders schlimm aus: Nach einer Missernte hat der Pächter gekündigt und seinen Posten verlassen, ohne genügend für die Schafe vorgesorgt zu haben, so dass im Winter viele Tiere eingehen. Erdmuth schreibt aus Dresden bedrückt an ihre Mutter:

> *»Wir sind wohl jetzt um vielen äußerlichen Schaden gekommen, wie es in der Wirtschaft geht, da man immer weg sein muss, allein der liebe Vater hat uns doch nicht verlassen, obgleich ein wenig hat müssen zusammen genommen werden. Denn die liebe Großmama hilft uns durch seine Regierung immer raus, sowohl dass sie uns kauft, was wir nötig haben, als auch Geld schickt... Diesmal als wir in Dresden sind, haben wir bald ganz alleine von dem gelebt, was sie uns geschickt, denn es ist eben das Quartal, da wir fast garnichts von Berthelsdorf einnehmen, also wird denn auch Gott weiterhelfen ...«* [48]

Leben in Dresden

Die zwei Wohnsitze und das ewige Hin und Her zwischen Berthelsdorf und Dresden sind also nach wie vor ein großes Problem. Obwohl die Zinzendorfs jeden Aufwand vermeiden und sich von der Hofgesellschaft absolut fern halten, bleibt der Dresdner Haushalt eine kostspielige Angelegenheit und erscheint den beiden als ziemlich sinnlos, da Zinzendorf wenig Gefallen an der juristischen Arbeit findet. Der einzige Lichtblick ist für Graf und Gräfin in Dresden der Bibelkreis, den Erdmuths mütterliche Freundin, die Generalin von Hallart, gegründet hatte, und dessen Leitung Zinzendorf nach dem Wegzug der Generalin übernahm. Inzwischen ist der Kreis rasch angewachsen, so dass Zinzendorf jeden Sonntag eine richtige Versammlung mit Ansprache, Gebet und Liedern abhalten kann. Von der kirchlichen Obrigkeit werden diese Veranstaltungen genau beobachtet, aber lange Zeit geduldet.

*Nikolaus Ludwig Graf Zinzendorf im Hofkleid des Kgl. Polnischen und Kursächsischen Justizrates in Dresden
Ölgemälde von Elias Gottlieb Hausmann*

In diesem Kreis fühlt auch Erdmuth sich sehr wohl und findet viele Freundinnen. Zu ihrem Geburtstag am 25. November 1725 hat Zinzendorf sich etwas Besonderes ausgedacht und lädt »zehn von den allerredlichsten Schwestern ihrer Bekanntschaft« ein. Bei Tisch mischt er sich unter die livrierten Diener und serviert den Damen höchstpersönlich im Staatsrock und Festperücke die Speisen. »Es waren zwar lauter Bürgerliche«, sagt er nachher, »aber keine Prinzessin hätte ich lieber bedient.«[49] Auch für Tafelmusik hat Zinzendorf gesorgt: Zu Klavierbegleitung wird ein Lied gesungen, das er eigens zum Geburtstag seiner Frau gedichtet hat.

Benigna

Wenige Wochen nach diesem schönen Fest bringt Erdmuth in Berthelsdorf unter dem Beistand der Hennersdorfer Großmutter ihre Tochter Benigna zur Welt. Mit ebenso viel Liebe wie Sorge hält die junge Mutter die Kleine im Arm. Es ist nicht ihr erstes Kind: Im August 1724 hat sie schon einen Sohn Christian Ernst geboren. Damals war sie zur Geburt nach Ebersdorf gefahren, um ihre Mutter bei sich zu haben. Aber schon nach wenigen Monaten mussten die jungen Eltern den Sohn wieder hergeben.

Auch dieses zweite Kind ist nach der Geburt sehr schwach, kräftigt sich aber dann und wächst zur Freude der Eltern heran. Die Großmutter hat eine große Liebe zu ihrer »Schwiegerenkelin« gefasst. Längst ist vergessen, dass sie einst prophezeit hatte, Erdmuth werde ihrer »schwächlichen Konstitution«[50] wegen die Geburt des ersten Kindes nicht überleben. Die zarte kleine Frau erweist sich als so kräftig, dass sie sogar ihr Kind selbst stillen kann, was allgemein Bewunderung hervorruft.

Tod der Großmutter

Im März 1726 erhalten die Zinzendorfs in Dresden die Nachricht, dass die Landvögtin Henriette Katharina von Gersdorf plötzlich gestorben ist. Sofort brechen sie nach Hennersdorf auf, wo Zinzendorf für seine Großmutter die Leichenrede hält. Erdmuth denkt mit großer Dankbarkeit an die hilfreiche Güte der Landvögtin zurück und ist froh darüber, dass sich zwischen ihnen beiden in den letzten Jahren ein so liebevolles Verhältnis entwickelt hat. Sie schreibt an ihre Mutter:

> *»Ihre leiblichen Kinder haben keinen Vorzug vor mich gehabt, und wie viele gesagt, hätte sie noch eine zärtlichere Liebe für mich gehabt. Ich werde meine Trauer auch so einrichten, als wenn ich ihr leiblich Kind gewesen ...«*[51]

Der Tod der Großmutter bedeutet für Erdmuth eine große Veränderung. Denn nun sieht Zinzendorf keinen Grund mehr, sich in Dresden mit einem ungeliebten Amt herumzuquälen, das er nur auf Drängen der Landvögtin übernommen hat. Er lässt sich also von der Landesregierung auf unbestimmte Zeit beurlauben.

Am liebsten würde das Paar sofort auf seinen Landsitz ziehen. Aber die Berthelsdorfer Güter sind inzwischen neu verpachtet worden. Einem der Pächter, seinem Vetter Gottlob Ehrenreich von Gersdorf, hat Zinzendorf sein Schloss in Berthelsdorf zur Wohnung überlassen. Als Ersatz wird zwar in Herrnhut ein neues »Herrschaftshaus« gebaut, aber die Fertigstellung dauert weit bis ins Jahr 1727 hinein. Erst am 15. Juni kann die gräfliche Familie in Herrnhut einziehen. Damit beginnt für Erdmuth ein neuer Lebensabschnitt.

3. Mitarbeiterin in Herrnhut

Zinzendorf hält sich schon seit Ostern 1727 in Herrnhut auf, denn dort gibt es sehr viel für ihn zu tun. Die Siedlung am Hutberg beherbergt um diese Zeit etwa 300 Einwohner; die mährischen Glaubensflüchtlinge, die den ersten Ansiedlern gefolgt sind, machen etwa die Hälfte aus. Wichtige Persönlichkeiten unter ihnen sind die fünf »Kirchenmänner«, wie Zinzendorf sie nennt, die 1724 aus dem mährischen Zauchtental nach Herrnhut gekommen sind, genau an dem Tag, als in einer eindrücklichen Feier der Grundstein zur Landschule und zum Versammlungssaal gelegt wurde. Damals hatte Erdmuth begeistert an ihre Mutter geschrieben:

»*Das Wort Gottes setzt mit Macht in der Lausitz ein und dem lieben Vater hat es gefallen*«, unser armes kleines Berthelsdorf zum Anfang zu machen, da er sich gewiss ein feines Häufchen gesammelt ...«[52]

Erdmuth schildert die »fünf Leute aus Mähren« als

»*rechtschaffene, wahre, fromme Leute, die Geld und Gut genug gehabt und es dennoch verlassen. Sie sind voll Glaubens und einer innigen Begierde, die recht unersättlich ist, nach dem Wort Gottes. Es ist einem eine rechte Ermunterung, wenn man mit ihnen spricht. Jetzt gehen sie ihrer Tagearbeit als Taglöhner nach und sind sehr fleißig.*«[53]

Spaltungen

Diese fünf Bauernsöhne aus dem Dorf Zauchtental haben die Einrichtungen der alten böhmischen Brüderkirche noch sehr viel besser im Gedächtnis als die ersten Herrnhuter Siedler, bei denen die Erinnerung daran verblasst ist. Deshalb gibt es bereits unter den Mähren Uneinigkeit über die rechte christliche Lebensführung.

Außer den Mähren sind aus ganz Deutschland Anhänger der verschiedensten religiösen Strömungen gekommen, die sich hier ein Leben in brüderlicher Gemeinschaft, frei von Verfolgung, erhoffen. Zinzendorf will in Herrnhut sein Ideal von einer in sich verbundenen Gemeinschaft gläubiger Christen verwirklichen, die wie ein Sauerteig die Masse des gleichgültigen Kirchenvolkes durchdringen soll: eine »Ecclesiola in ecclesia«, eine »kleine Kirche in der großen«. Die Schlossgemeinde, die er sich ursprünglich vorgestellt hat, soll sich zu einer Dorfgemeinde erweitern.

Aber es ist kein Wunder, dass es in der jungen Siedlung, wo so viele verschiedene Gruppierungen und Meinungen aufeinander prallen, dauernde Streitigkeiten und Auseinandersetzungen um den rechten Weg zum Heil gibt.

Die größte Zerreißprobe hatte ein gewisser Justizrat Krüger im Sommer 1726 für Herrnhut gebracht. In Zinzendorfs Abwesenheit trat er als selbst ernannter Reformator auf und brachte unter wilden Beschimpfungen gegen den Grafen und Pfarrer Rothe fast die ganze Gemeinde auf seine Seite. »In Herrnhut soll es aussehen, als ob der Teufel alles auf einmal über den Haufen werfen wollte«[54], schrieb der Görlitzer Pastor Scheffer im Januar 1727 verzweifelt an Zinzendorf. Obwohl dieser als Gutsherr hätte eingreifen und Krüger aus Herrnhut ausweisen können, scheute er vor gewaltsamen Maßnahmen zurück, da ihm die »notwendige Gewissensfreiheit«[55] über alles ging. Das Problem löste sich von selbst, als Medicus Gutbier bei Krüger deutliche Zeichen des Irrsinns feststellte, die sich so steigerten, dass man ihn einsperren musste. Als der Anfall vorüber war, ging er aus Herrnhut weg und hinterließ seine Anhänger in großer Verwirrung.

Die Statuten

Das ist die Situation, die Zinzendorf antrifft, als er sein Dresdner Amt aufgegeben hat und die Arbeit in Herrnhut aufnimmt. Mit unermüdlicher Geduld versucht er, die zerstrittenen Gemüter zu einigen und für eine Gemeinschaft miteinander zu gewinnen, indem er mit jedem und jeder Einzelnen lange Gespräche führt und ihnen eindringlich vor Augen stellt, dass alle Menschen Sünder sind und nur durch die Erlösungstat Christi das Heil finden können.

Der Graf will der Gemeinschaft aber auch einen äußeren Rahmen geben. Am 12. Mai 1727 werden im Herrnhuter »Saal« vor der versammelten Einwohnerschaft die »Statuten« verlesen. Zinzendorf hat als »Ortsherrschaft« das Recht, für die neue Siedlung Satzungen zu erlassen, die das Zusammenleben regeln sollen. Aber die »Statuten«, die er mit Pfarrer Rothe und anderen zusammen entworfen hat, zeigen, dass Zinzendorf in Herrnhut eine Ortsgemeinde besonderer Art gründen will. Es soll eine Gemeinschaft sein von Brüdern und Schwestern, »die von der bloßen Erbarmung Gottes in Christo ergriffen« sind. Die Konfession spielt für Zinzendorf keine Rolle:

> *»Herrnhut ... soll in beständiger Liebe mit allen Brüdern und Kindern Gottes in allen Religionen stehen ...«*[56]

Der 13. August 1727

Kurz nach dem Einzug der Familie Zinzendorf in Herrnhut unternimmt der Graf im Juli 1727 eine Reise nach Schlesien. Unterwegs liest er eifrig in einem Buch, das er sich aus der Zittauer Bibliothek ausgeliehen hat: die »Geschichte der böhmischen und mährischen Brüder« von Johann Amos Comenius, einem Bischof der alten Brüderkirche, der 1670 im holländischen Exil gestorben war. Zinzendorf kann nun viele Eigenarten seiner Mähren, in denen sich Spuren der alten Traditionen zeigen, besser verstehen. Nach seiner Rückkehr macht er die Mähren mit diesem Buch bekannt. Diese sind ganz überwältigt davon, wie viele alte Überlieferungen sie in Herrnhut, ohne es zu wissen, wieder aufgenommen haben. Sie sehen darin »Gottes Finger und seine Wunder«[57].

Alle diese Bemühungen Zinzendorfs bringen aber noch nicht die von ihm ersehnte und im Gebet erflehte Gemeinschaft. Der große Durchbruch erfolgt am 13. August 1727 in Berthelsdorf, wohin Pfarrer Rothe alle Herrnhuter zum gemeinsamen Abendmahl geladen hat. Hier tragen sie dem Herrn die gemeinschaftliche Not mit »Sektiererei und Trennung« vor und bitten ihn, er solle sie »die rechte Natur seiner Kirche lehren«[58]. Bei der Abendmahlsfeier erleben alle Anwesenden eine starke Bewegung, eine »Erweckung«, wie die christliche Urgemeinde an Pfingsten.

Diesen Abendmahlsgottesdienst betrachtet die Herrnhuter Brüdergemeine[59] als ihren »geistlichen Geburtstag«; vor der Kirche von Berthelsdorf fallen sich alle in die Arme, auch solche, die sich vorher nicht leiden konnten – die trennenden Faktoren spielen keine Rolle mehr. »Wir lernten lieben«[60], heißt es im Tagebuch der Gemeine. Von nun an redet man sich in Herrnhut mit »Bruder« und »Schwester« an.

Einrichtung der Gemeine

Wie steht Gräfin Erdmuth zu diesen Entwicklungen? Von Anfang an hat sie alle Spannungen und Auseinandersetzungen in Herrnhut mit durchlitten und den großen »Pfingsttag« der Gemeine miterlebt. Danach beginnen Zinzendorf und seine Mitarbeiter mit großem Eifer, der Gemeine eine innere Struktur zu geben; Erdmuth nimmt lebhaften Anteil daran. Es gibt unzählige Besprechungen und Konferenzen; denn alle neuen Einrichtungen sollen gemeinsam mit den Mitgliedern der Gemeine besprochen und beschlossen werden.

Am wichtigsten sind die Laienämter, die schon in der Urgemeinde und dann auch in der alten Brüderkirche eingeführt waren. In Herrnhut entstehen die seelsorgerlichen Ämter der Ältesten, Helfer, Lehrer, Ermahner und die diakonischen der Almosenpfleger und Krankenwärter. Dieselben Ämter werden auch für die

Schwestern eingerichtet; denn Zinzendorf, der eine hohe Meinung von den Frauen hat, möchte ihnen in Herrnhut gleiche Rechte einräumen wie den Männern. Er ist überzeugt, dass auch die Seelsorge an Frauen von Frauen ausgeübt werden sollte, da sie ihre Geschlechtsgenossinnen besser verstehen können als Männer.

Außerdem wird in Herrnhut bewusst auf die Trennung der Geschlechter geachtet, um den Lästermäulern außerhalb der Gemeine keinen Anlass für üble Nachrede zu geben. Es entstehen allmählich neben den Familienhäusern Wohngemeinschaften von unverheirateten Brüdern, beziehungsweise Schwestern, die so genannten »Chöre«, die jeweils in einem Haus zusammenwohnen und zum Teil kleine Handwerksbetriebe aufbauen.

Die »Banden«

Bei dieser »Parallelführung« von Brüdern und Schwestern kommt Erdmuth eine wichtige Stellung zu: »Wie die Brüder von dem Herrn Grafen geführt werden, also werden die Schwestern von der Frau Gräfin geführt«[61], heißt es in einem Bericht. Erdmuth ist also zunächst »Vorsteherin« der Schwestern, zeitweise hat sie das Amt einer »Helferin« inne und die Leitung einer »Bande«, eine Aufgabe, die ihr besonders liegt.

Die »Banden« sind für Zinzendorf eine wichtige Voraussetzung für die Gemeinschaftsbildung in Herrnhut – den etwas ausgefallenen Namen leitet er von dem Begriff »Musikerbande« ab. Hier finden sich Menschen, die zueinander Vertrauen und Sympathie haben, in kleinen Gruppen unter einem »Bandenhalter« zusammen. Sie treffen sich einmal in der Woche an einem bestimmten Abend. Die Mitglieder einer »Bande« sprechen sich rückhaltlos und offen in der Gruppe über ihr Seelenleben aus und sagen einander »alles, was sie auf dem Herzen und Gewissen haben«[62].

In einer solchen kleinen Gruppe zeigen sich Erdmuths große seelsorgerliche Fähigkeiten. Sie kann gut zuhören, ist teilnehmend und verständnisvoll und ihre klugen Ratschläge werden dankbar angenommen.

Auch außerhalb ihrer Gruppe ist sie eine begehrte Gesprächspartnerin. Zum Beispiel berichtet ihre Schwägerin Theodore von Reuß in ihrem Tagebuch von einem Besuch in Herrnhut, wo sie manche Stunde allein mit Erdmuth verbracht habe,

> *»weil ich mit ihr über alle meine innern und äußern Umstände am besten und recht einfältig reden konnte, auch ihre Unterweisung in Liebe annehmen. Ich bekam auch vielmehr Einsicht in dem, was den Ehestand betrifft, wie heilig er vor dem Herrn zu führen ...«*[63]

Das »Fußwaschen«

Erdmuth steht also mitten in der aufblühenden Gemeine und identifiziert sich ganz mit dem Werk ihres Mannes. Aber es gibt einen Punkt, wo sich die beiden nicht einig sind. Zinzendorf möchte aus der Idee der »Einfalt« und Demut in der Nachfolge Christi heraus die Standesschranken aufgehoben sehen und sich in der Gemeine ganz als Bruder unter Brüdern fühlen. Erdmuth hingegen kann bei aller christlichen Liebe nicht so schnell gegenüber Menschen aus niederen Schichten die Haltung der Gräfin und Aristokratin aufgeben, in der sie von Kindheit an erzogen ist. Nach Meinung Zinzendorfs fehlt es ihr noch an der »herzlichen Einfalt«. Er wünscht sich, dass sie »alles verleugnen und als arme Bettelfrau«[64] mit ihm in der Nachfolge Christi stehen soll.

Bei einer bestimmten Gelegenheit zeigt sich die Zurückhaltung der Gräfin am deutlichsten. Da man in Herrnhut immer wieder auf die christliche Urgemeinde zurückgreifen will, hat Zinzendorf die Sitte des Fußwaschens eingeführt in Erinnerung daran, dass Jesus diesen Dienst seinen Jüngern erwiesen hat. Das Fußwaschen wird im engsten Brüder- beziehungsweise Schwesternkreis geübt; es ist ein wahrer Demutsbeweis, besonders für die leitenden Persönlichkeiten, vor einem Mitglied der Gemeine niederzuknien und ihm die Füße zu waschen.

Für Zinzendorf hat das Fußwaschen einen »sakramentalischen Effekt«, bei dem er »etwas Andächtiges, Feuriges, Gutes, Einfältiges« spürt, er hält es für »eine der angenehmsten und respektabelsten Handlungen«[65]. Aber für Erdmuth ist es zunächst unmöglich, einer der Schwestern diesen Demutsdienst zu erweisen, die Aristokratin in ihr sträubt sich dagegen. Auch wenn ihr Mann sie »auf das innigste« darum bittet, kann sie sich nicht dazu überwinden, ohne ihre Selbstachtung zu verlieren.

Erdmuth braucht Zeit, bis sie ganz in diese »demokratische« Gemeinschaft hineinfindet, in der Standesunterschiede nicht mehr gelten sollen. Noch einmal bittet Zinzendorf sie brieflich, als er sich 1731 in Dänemark aufhält:

> »... greife das Werk recht an, und da Dir Dein Mann schon oft in Deiner Weisheit gefolget hat, folge Du ihm einmal in seiner Einfalt, wasche Deinen Schwestern die Füße, lass dich von ihnen Du heißen und nötige sie dazu ...«[66]

Kurze Zeit später – Zinzendorf befindet sich immer noch auf Reisen – ist Erdmuth innerlich so weit, dass sie mit den Schwestern auf eine neue, unmittelbare und herzliche Weise umgehen kann, dass sie von sich aus, ohne bedrängt zu werden, den Dienst der Fußwaschung übernimmt und den Schwestern das Du anbietet. In Herrnhut ist man glücklich über die innere Wandlung der Gräfin. Das Tagebuch der Gemeine berichtet begeistert:

> »Unsere ganze Sonntagsversammlung ist ihr Lebtag noch nie so gewest als jetzunder, der Herr sei gelobt! Unsere gnädige Frau Gräfin sehen sich jetzt fleißig in Johannes 13 (Geschichte von der Fußwaschung) um und sind auch sonst sehr herzlich. Überhaupt ist alles in Bewegung. Es ist etwas Ungewöhnliches, wenn nicht alle Tage jemand oder etliche aufs Neue ergriffen werden.«

Dass auch Erdmuth selbst diese neue innere Freiheit als einen Fortschritt erlebt hat, zeigt ein anderer Bericht über einen

Besuch der Gräfin in Görlitz mit zwei Schwestern bei Pastor Scheffer und seiner Gattin:

> *»Die Schwestern ... sind unter sich so herzlich, so einfältig gewesen, dass die drei geringen Schwestern manchmal vergessen haben, dass die Frau Gräfin bei ihnen gewesen. Die gnädigste Frau Gräfin dankte Gott ... da sie sonst immer gefürcht, da und dort kommt's deinem Respekt zu nah ...«*[67]

Auch Zinzendorf ist natürlich voller Freude, als er davon erfährt, dass Erdmuth endlich »Schwester unter Schwestern« geworden ist und rechnet ihr diese neue Haltung der Gemeine gegenüber hoch an. Aber er weiß auch, dass darunter die angeborene Vornehmheit ihrer Person keineswegs gelitten hat. Später wird er mit Hochachtung von ihr sagen, dass sie »in einer Gemeine, wo sich alle Stände beeifern, einander gleich zu werden, aus weisen und realen Ursachen, eine gewisse Distinktion (Vornehmheit) von außen und innen«[68] zu behaupten gewusst habe.

Haushalt und Kinder

Neben der Arbeit für die Gemeine führt Gräfin Erdmuth einen umfangreichen Familienhaushalt. Im gastfreien Herrschaftshaus sind täglich ungefähr zwanzig Personen zu Tisch. Arme und Kranke werden aus der Herrschaftsküche versorgt, ebenso das Waisenhaus mit fünfzig hungrigen Mägen.

Natürlich steht der Gräfin eine zahlreiche Dienerschaft zur Seite: Der Haushofmeister ist Tobias Friedrich, nebenbei auch »Musikmeister« der Gemeine. Dann gibt es eine Wirtschafterin, drei Kammerjungfern – eine davon ist für Komtesse Benigna zuständig – zwei Lakaien, zwei Heiducken (Diener in ungarischer Tracht), Hofwächter, Hausknecht, Waschjungfer, sechs Mägde, Kutscher und Vorreiter mit acht Pferden ...

Ein Riesenhofstaat, so scheint es – tatsächlich bekommt Zinzendorf eines Tages eine misstrauische Anfrage vom Landeshauptmann, ob in seinem Haus nicht mehr Bier als »Tischtrunk« konsumiert werde, als er angegeben und versteuert habe. Die Gräfin ist sehr ungehalten über diese Unterstellung, wie aus Zinzendorfs Antwort hervorgeht:

> »*Meine Frau ist sehr empfindlich (gekränkt), dass sich der Herr Landeshauptmann mit den Bierpächtern in einen Disput über ihre Haushaltung eingelassen, warum sie soviel Domestiken hielte, ob das Berthelsdorf trüge. Sie sagt, es ginge den König nichts an; wenn wir weniger Leute hätten, würde weniger gebraut und wäre einerlei Steuer. Die darunter versteckte Beschuldigung einer Defraudation (Betrug) sei injuriös (beleidigend)* ...«[69]

Trotzdem scheint die Frage berechtigt zu sein, ob es im gräflichen Haushalt wirklich Arbeit für so viele Menschen gibt und wie sie alle entlohnt werden, da ja nach wie vor die Einkünfte aus Berthelsdorf sehr bescheiden sind. Das Rätsel löst sich, wenn man weiß, dass mit diesem Hofstaat »die Sache des Heilands gemeint«[70] ist: Alle Bediensteten gehören zur Gemeine, viele hat Erdmuth nur deshalb in ihre Dienste genommen, weil sie in der Gemeine gebraucht werden. Die allermeisten bekommen gar keinen oder nur wenig Lohn und arbeiten nur für Kost und Logis. So kommt es, dass viele Mitglieder der Gemeine für längere oder kürzere Zeit im Haushalt der Gräfin leben und arbeiten. Der tägliche Umgang mit ihr, die mütterliche Zuwendung, die sie allen zuteil werden lässt, und ihre Frömmigkeit wirken auf diese Weise stark in die Gemeine hinein. Vor allem die Frauen richten sich mehr oder weniger bewusst nach dem Vorbild der Gräfin, was an den Umgangsformen der Schwestern und ihrer geistig-religiösen Bildung sichtbar wird.

Und die Kinder des Ehepaares Zinzendorf? Am 19. September 1727 wird der Sohn Christian Renatus geboren. Vier weitere Kinder bringt Erdmuth innerhalb der nächsten fünf Jahre zur Welt, die alle schon im Säuglings- oder Kleinkindalter sterben. Die Kindersterblichkeit ist hoch im 18. Jahrhundert, weil man die Kinderkrankheiten und Epidemien noch kaum bekämpfen kann. Erdmuth ist eine sehr liebevolle Mutter und der Tod ihrer Kinder trifft sie schwer. Körperlich und seelisch macht sie harte Zeiten durch. Bei ihren vielen Pflichten kann sie sich auch nur wenig um die Kinder kümmern und muss sie, wie das bei einer Dame ihres Standes üblich ist, den Kindermädchen und Erzieherinnen anvertrauen.

Verwaltung der Güter

Im Jahr des Umzugs nach Herrnhut, 1727, kann Zinzendorf das Gut Oberberthelsdorf zu seinem bisherigen Eigentum, den Gütern Nieder-und Mittelberthelsdorf, hinzuerwerben. Damit ist sein Besitz sozusagen abgerundet und eine intensivere, ertragreichere Bewirtschaftung möglich. Das Pachtverhältnis mit Vetter Gersdorf wird aufgelöst. Erdmuth will nun selbst die Verwaltung der Güter übernehmen – ein dritter großer Aufgabenbereich neben Haushalt und Gemeindearbeit.

Obwohl Friedrich von Watteville nach wie vor ihr treuer Helfer und so etwas wie ein Inspektor auf den Gütern ist und obwohl Tobias Friedrich ihr bei der Haushaltung zur Seite steht, hat doch Erdmuth die Oberaufsicht über die Verwaltung des Ganzen. Die Fäden der verschiedenen Wirtschaftszweige laufen bei ihr zusammen. Sie hat den Überblick und tut alles »mit dem Kopf durch andere Hände«[71]. In ihrer ruhigen, souveränen Tüchtigkeit hat sie sich bei den »ökonomischen Geschäften« eine große Kompetenz erworben und ist ihrem Mann »mit ihrer unvergleichlichen Gabe eine zuverlässige Gehilfin«[72].

Ende 1727 haben die Zinzendorfs zwar noch Schulden, aber die Rückzahlung ist einigermaßen gesichert, so dass sich die finanzielle Lage allmählich zu konsolidieren scheint. Wenn Zinzendorf in den nächsten Jahren eine Aufstellung über ihrer beider Vermögen macht, ist er immer wieder erstaunt über den für ihn nicht durchschaubaren Vermögenszuwachs, »welches freilich der Vernunft unbegreiflich, den Worten Christi aber gemäß ist«[73].

Dabei ist zu berücksichtigen, dass aus der gräflichen Haushaltskasse viel in die neu entstehende Gemeine fließt. Die größten

Kosten verursacht das Waisenhaus; es ist im Gebäude der ehemaligen Adelsschule untergebracht, die Zinzendorf bald wieder aufgelöst hat. Außerdem brauchen die in Herrnhut neu zugezogenen Siedler oft Starthilfe, obwohl es sich meist um Handwerker handelt, die bald auf eigenen Füßen stehen, ein Haus mieten, kaufen oder selbst ein neues bauen können.

Verkauf der Güter an Erdmuth

Düstere Gewitterwolken ziehen sich am Anfang des Jahres 1732 über der in stetigem Wachstum befindlichen Siedlung Herrnhut zusammen. Zinzendorfs Befürchtungen haben sich leider bestätigt: Der kaiserliche Hof in Wien hat sich bei August dem Starken, Kurfürst von Sachsen und König von Polen, über Zinzendorf bitter beschwert wegen »Auslockung der kaiserlichen Untertanen aus Böhmen und Mähren«[74]. Eine kurfürstliche Untersuchungskommission erscheint in Herrnhut. Der Graf muss damit rechnen, dass seine zahlreichen Gegner am sächsischen Hof ein Verbannungsdekret gegen ihn durchsetzen werden.

Was wird dann aus seinen Gütern – wird die Regierung Anspruch auf das Vermögen eines Verbannten erheben? Zinzendorf beratschlagt sorgenvoll mit seiner Frau. Erdmuth hat gerade die Nachricht bekommen, dass ihr die Herzogin von Braunschweig-Wolfenbüttel, ihre Patin, aus dem Vermögen ihres verstorbenen Mannes eine Schenkung von 20 000 Talern machen will. Eine schöne Summe, die zur Schuldentilgung höchst willkommen wäre; aber auf Grund von testamentarischen Bestimmungen darf die Gräfin das Geld nur in ihren eigenen Besitz stecken. Die beiden Gatten verfallen also auf den nahe liegenden Ausweg, dass Zinzendorf seine Güter auf den Namen seiner Frau überschreibt. Damit wäre auch der Besitz für den Fall einer Verbannung des Grafen gesichert.

Die Ausweisung lässt nicht lange auf sich warten. Im Oktober 1732 erhält Zinzendorf vom Kurfürsten den ungnädigen Befehl, wegen seiner »unanständigen und bedenklichen Auffüh-

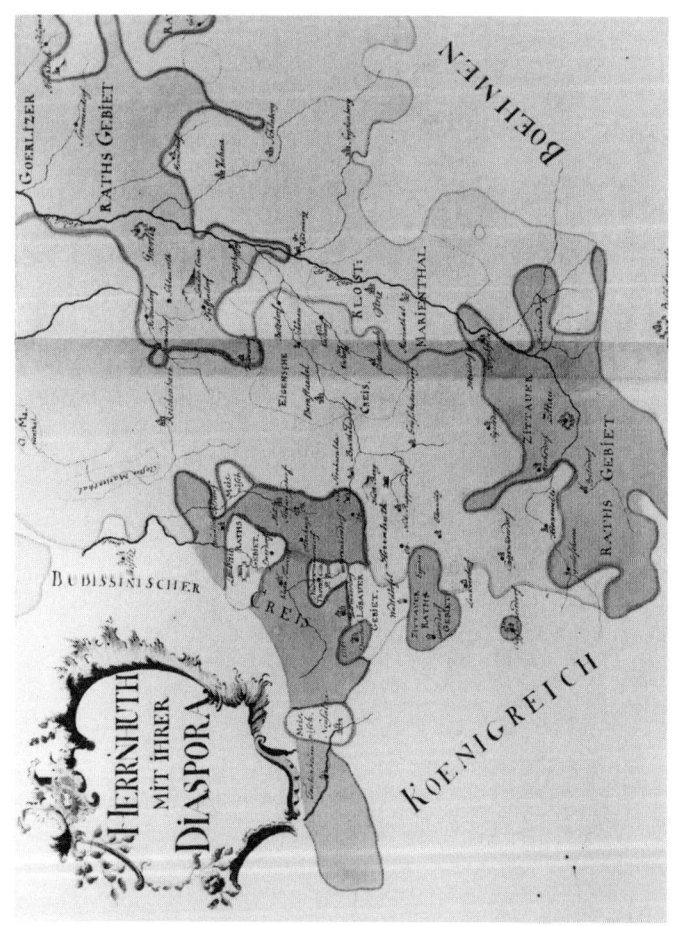

Herrnhut mit ihrer Diaspora Handgezeichnete Karte

rung«[75] binnen drei Monaten seine Güter zu verkaufen und das Kurfürstentum Sachsen zu verlassen.

Der Schlag trifft das Ehepaar Zinzendorf wenigstens nicht unvorbereitet. Wie besprochen wird Erdmuth am 13. November 1732 durch einen offiziellen Kaufkontrakt Besitzerin von Ober-, Mittel- und Niederberthelsdorf und erhält damit zugleich die Herrschaftsrechte in Herrnhut. Am 19. Dezember wird der Gräfin in dem Herrnhuter Saal »gehuldigt«: Die Einwohner von Berthelsdorf und Herrnhut geben ihr als Untertanen den Handschlag.

Zinzendorf fühlt sich eigentlich erleichtert. Durch die Vermögensübertragung, so schreibt er an seine Mutter, »komme ich aus dem mir ganz entsetzlichen embarras (Verlegenheit), Schulden zu machen, denn ungeacht ich sie wenig fühle, so geht mir's doch wie Ew. Gnaden, lieber nichts, als Schulden haben wollen, und muss diese horreur (Abscheu) angeerbt sein«.

Aber auch die Gräfin ist froh, endlich bei ihren finanziellen Entscheidungen freie Hand zu haben, obwohl sie von nun an die ausschließliche Verantwortung für die Schuldendeckung und die Unterhaltung der Güter hat. Sie schreibt an ihren Bruder: »Jetzt haben Sie nur mit mir allein zu tun, denn mein lieber Herr mengt sich in dergleichen gar nicht mehr.«[76]

Ende Januar 1733 schlägt für Zinzendorf die Stunde des Abschieds von Herrnhut. Die Gemeine hat sich vollzählig versammelt, spricht ihm ihr volles Vertrauen aus und ernennt ihn noch einmal mit einer förmlichen »Bestallungsurkunde« zu ihrem Vorsteher.

Diese erste Verbannung Zinzendorfs aus Sachsen dauert allerdings nur kurze Zeit. August der Starke stirbt am 11. Februar 1733, wenige Wochen nach Zinzendorfs Ausweisung. Sein Nachfolger Friedrich August II. bestätigt den Verkauf der Zinzendorfschen Güter an die Gräfin, spricht eine Duldung für die mährischen Brüder in Herrnhut aus und erlaubt Zinzendorf die Rückkehr. Der Graf, der sich inzwischen in Ebersdorf und Tübingen aufgehalten hat, kommt im Mai 1733 wieder nach Hause. Den beiden Ehegatten sind noch einige gemeinsame Jahre in Herrnhut vergönnt.

4. Hausmutter der Pilgergemeine

Erdmuth ist sehr froh und erleichtert über Zinzendorfs Rückkehr, nicht nur aus persönlichen Gründen. So tatkräftig und entschlussfreudig sie in den praktischen Fragen der Wirtschaft und der Haushaltung ist, so unsicher fühlt sie sich, wenn es um die Leitung der Gemeine und damit um die Sache des Heilands geht, für die sie in Zinzendorfs Abwesenheit mitverantwortlich war. Auf die Nachricht hin, dass er sich auf der Heimreise befindet, schreibt sie ihm von diesen Skrupeln:

> *»Wenn ich mich bedenke, so ist meine Ängstlichkeit, dass ich Ihm nur nichts verderben möchte und etwa durch ein Wort oder kein Wort seiner Ehren, die er selbst auszuführen mächtig und weise genug ist, zu nahe trete. Dieses wird mir aber bei Deinem Hiersein völlig wegfallen, denn ich und wir alle wissen's, und zwar, wenn wir daran denken, mit großer Erleichterung, dass Du Vorsteher bist... Wir haben auch nach aller Möglichkeit getan, wie Du uns vorgeschrieben, und können uns überall schriftlich legitimieren.«*[77]

Das Los

Was meint Erdmuth mit der »schriftlichen Legitimation«? Zinzendorf hat vor seinem Abschied der Gemeine aufgetragen, in komplizierten Fragen das Los entscheiden zu lassen. Er selbst hat den Losgebrauch, der auch sonst in pietistischen Kreisen üblich ist, in der Brüdergemeine eingeführt, weil er sich der Nähe des Heilands gewiss ist und weil er das Los als »ein von Gott geschenktes Mittel«[78] ansieht,

»in schwierigen Fällen Gottes Willen zu erkennen«. Zinzendorf kennt zwar die Gefahren der »Lossache« – »es ist damit, wie wenn man nahe am Feuer ist, man kann sich verbrennen«[79] – hält aber unbeirrt an dieser »Wunderkraft« der Kirche fest und sucht auch Erdmuth dafür zu gewinnen, die zunächst große Zweifel hat.

Einmal berichtet er ihr in einem Brief, dass ihm eine Sache schief gelaufen sei, weil er den Losbefehl nicht befolgt habe, und schließt mit dem Hinweis:

> *»Ich hoffe, es wird dazu dienen, dass meine innig geliebte Schwester künftig dem Los treuer sei und ... (sich) mehr daran halten wird.«*[80]

Zinzendorf wendet das Los in Fragen des persönlichen Lebens an, vor allem aber in Gemeindeangelegenheiten. Er erwartet, dass dies auch in seiner Abwesenheit geschieht und schriftlich festgehalten wird. Allerdings geht Zinzendorf, ein »Charismatiker des Loses«[81], sehr frei damit um; er lost auch zwei- oder dreimal, wenn ihm ein Losbescheid nicht einleuchtet, und er weiß auch dem Los die richtigen Fragen zu stellen. Erdmuth hingegen, die sich allmählich von der Lospraxis überzeugen lässt, wird es auf diesem Gebiet nie zu ähnlicher Virtuosität bringen, wie sich noch zeigen wird.

Erdmuth und Zinzendorfs Theologie

Die Jahre nach der Rückkehr aus der kurzen Verbannung werden für die Entwicklung von Zinzendorfs theologischen Gedanken sehr wichtig und damit auch für die Richtung, in die seine Gemeine weitergehen wird. Denn er löst sich von dem strengen Schema der Bekehrung, die der Pietismus in Halle von einem wahren Christen fordert: Dieser muss einen harten »Bußkampf« und danach den »Durchbruch« zur Gottesgewissheit erleben, so ähnlich, wie das Friedrich von Watteville von sich sagen kann. Zinzendorf, der selbst ein solches Erlebnis nicht vorzuweisen hat, kommt nach vielen quälenden Überlegungen zu der befreienden Erkenntnis, dass nicht die

Methode der Bekehrung entscheidend ist, sondern dass es auf das Ziel ankommt, den persönlichen Glauben an die Erlösung durch Christus, ohne eigenes menschliches Verdienst.

Christus und sein Versöhnungsopfer, die »Blut- und Wundentheologie«, werden damit immer deutlicher zum Zentrum der Gemeindetheologie. Die Brüder und Schwestern gewinnen dadurch eine neue innere Freiheit und Gelassenheit, weil sie nicht mehr »gesetzlich und ängstlich«[82] um eine Heiligung ihres Lebens ringen müssen; denn ein vom Glauben an Christus erfüllter Mensch wird gar nicht anders leben können als in der Nachfolge seines Herrn.

Dass sich dieser neue, freudige Geist in der Gemeine verbreitet, daran hat Erdmuth, die den inneren Weg ihres Gatten mitgegangen ist, einen nicht unerheblichen Anteil, wie Zinzendorf später hervorhebt: Sie habe

> *»die damals durchbrechende Lehre von Blut und Wunden unter ihre Gesellschaften als einen Sauerteig vermengt, teils bei der ganzen Gemeine durch ihre vortrefflichen Lieder insinuiert (eingebracht), wie sie denn auch bei den Verfertigungen der Losungen in diesem Jahr sehr fleißig geholfen hat.«*[83]

Erdmuth ist also auch Liederdichterin. Viele ihrer Lieder sind in das Herrnhuter Gesangbuch aufgenommen worden. Eines der Lieder, die Zinzendorf lobend erwähnt, beginnt mit den Worten: »Du Heil und Teil der ganz entblößten Sünder ...«. Die zweite Strophe lautet:

> *»So ist's, du bist's! So hab ich dich erfahren,*
> *Du Herz voll Schmerz, auch wegen meiner Not,*
> *Ich will dies Pfand wohl suchen zu bewahren,*
> *Dies bleibt mein Grund und Feste bis in Tod ...«*[84]

Die Losungen

Die Losungen sind im Jahr 1734, von dem Zinzendorf hier spricht, schon ein fester Bestandteil des Gemeinelebens geworden. Die erste Losung hat der Graf in der Singstunde am 3. Mai 1728 ausgegeben:

> *»Liebe hat ihn hergetrieben,*
> *Liebe riss ihn von dem Thron,*
> *und ich sollte ihn nicht lieben?«*[85]

Zinzendorf wollte damit seinen »Reich-Gottes-Streitern« eine Parole für jeden Tag mitgeben, wie ein Feldherr seinen Soldaten. Zunächst wurde die Losung jeden Tag von einem dazu bestimmten Bruder mündlich in jedes Haus überbracht. 1731 erschien das erste gedruckte Losungsbuch, das schon über die Brüdergemeine hinaus Verbreitung fand.

Zinzendorf stellt die Losungen jedes Jahr eigenhändig zusammen; sie sind für ihn eine wichtige Voraussetzung für den täglichen »Umgang mit dem Heiland«. Mit tiefer innerer Befriedigung stellt er fest, dass seine Frau auch hier im Einverständnis mit ihm ist und ihn bei der »Verfertigung der Losungen« unterstützt.

Erneuerung des »Streiterehe«-Gedankens

Fast zehn Jahre sind die beiden nun schon verheiratet und ihre gegenseitige Liebe ist in der gemeinsamen Arbeit gewachsen. 1732 schreibt Zinzendorf an Erdmuth:

> *»Ich freue mich, sooft ich an Dich denke, denn unsere Liebe ist in großer Kraft und täglichem Wachstum, ich weiß mir nichts Besseres auf der Welt als meine Frau, nachdem mein Heiland sie so hoch begnadigt.«*[86]

Ein paar Jahre vorher schon hat Erdmuth einen sehr schönen Liebesbrief von ihm bekommen:

> »Ich habe dich tausendmal lieber, als ich dich nie gehabt. Du wirst lachen und sprechen, was muss denn im Anfang gewesen sein. Aber weißt du auch, dass die Liebe eine unendliche ewige Liebe ist, die auch manche tausend Stufen hat. Probier es und habe mich auch viel tausendmal lieber als sonst... Ich kann von dir nicht wegkommen. Mein Geist hat sich an dich gefangen, du Liebe! Gott segne dich, küsse mich! Amen.«[87]

Im Oktober 1731 schließen die beiden »im zehnten Jahr ihres Ehestandes«, wie Zinzendorf schreibt, einen förmlichen Vertrag, in dem sie sich aufs Neue verpflichten, »recht einfältige Nachfolger Jesu Christi zu werden«, auch andere zu dieser Nachfolge zu gewinnen und »Jesu Christo erhalten zu helfen«. Für diesen »einen Zweck«[88] wollen sie leben und auch Leiden und Verfolgung ertragen, wenn es nötig sein sollte.

Es scheint also für beide sehr wichtig zu sein, sich noch einmal deutlich den ursprünglichen Gedanken der »Streiterehe« vor Augen zu führen und bei aller Freude aneinander den Dienst für das Reich Gottes an die erste Stelle zu rücken.

Der »geistliche Stand«

Zinzendorf hat für seine Person eine besondere Vorstellung von diesem Dienst. Schon seit früher Jugend ist es seine große Sehnsucht, »Christum öffentlich zu predigen«[89]. Aber seine Familie hatte ihm aus Standesrücksichten das Theologiestudium und den Pfarrerberuf strikt verboten. Nun ist er Vorsteher einer Gemeinde, reist im Land herum und hält Versammlungen ab; immer aber vermisst er die Vollmacht des geistlichen Amtes. Als er mit Erdmuth über seinen Herzenswunsch spricht, ein theologisches Examen abzulegen und sich zum Geistlichen ordinieren zu lassen, ist sie zunächst sehr dagegen. Sie kennt die Vorurteile ihrer Standesgenossen – ein hochadliger Graf hat nun einmal nicht den bürgerlichen Beruf eines Pfarrers auszuüben! – und »weissagt«[90] ihm alle Unannehmlichkeiten, die ihm begegnen werden. Auch die Ältesten der Gemeine bringen wichtige Bedenken gegen sein Vorhaben. Aber Zinzendorf lässt sich nicht beirren; er ist überzeugt, »dass er einen göttlichen Ruf habe, das Evangelium zu predigen«[91].

Da es für den Grafen, der inzwischen in ganz Deutschland berühmt und berüchtigt ist, nicht so ganz einfach ist, eine theologische Fakultät zu finden, die ihm ein Examen abnimmt, reist er inkognito als einfacher Hauslehrer und Kandidat der Theologie nach Stralsund, legt dort eine theologische Prüfung ab und gibt sich erst danach den Prüfern als Graf Zinzendorf zu erkennen. Noch im gleichen Jahr 1734 predigt er in der Stiftskirche in Tübingen und macht öffentlich bekannt, dass er den geistlichen Stand angetreten habe.

Zinzendorfs Reise in die Schweiz

Am Weihnachtsabend, den 24. Dezember 1735, sitzt Gräfin Zinzendorf an ihrem Schreibtisch in Herrnhut, um die Briefe ihres Mannes zu beantworten, die er ihr von seiner Reise in die Schweiz geschickt hat.

Zinzendorf geht sehr gern auf Reisen, ganz anders als seine Frau, die sich immer ein wenig vor den Unbequemlichkeiten des Reisens fürchtet. Sie muss sich deshalb hin und wieder Vorwürfe ihres Mannes anhören wegen ihrer »Gemächlichkeit« in Bezug auf »ferne Reisen«, die »der Herr haben will«[92]. Sie überwindet sich dann wohl ihm zuliebe, wie zum Beispiel bei einer Reise nach Wolfenbüttel, vor der sie ihrer Mutter schreibt:

> »Ich kann nicht sagen, dass ich die geringste Zuneigung in mir dazu fände; doch habe meinem lieben Herrn nicht wollen konträr sein ...«[93]

Die Gräfin stöhnt andererseits oft über die hohen Kosten, die Zinzendorfs Reisen verursachen; dann ist sein Argument: »Ich habe Befehl vom Herrn, darauf gehe ich.«[94]

Jetzt also ist er Anfang November in die Schweiz aufgebrochen, was die Gräfin, die kurz vor ihrer neunten Entbindung stand, in große Unruhe versetzt hat. Kosten soll die Reise nicht viel, so Zinzendorf, denn er will diesmal ganz allein und zu Fuß gehen, wie seine Herrnhuter Brüder, die durchs Land pilgern und überall mit Gleichgesinnten Kontakt aufnehmen. Aber gerade diese Fußreise ist es, was die Gräfin aufregt: Sie weiß, dass ihr Mann solche Fußmärsche nicht gewohnt ist. Kurz nach seinem Aufbruch hat er sich einen Fuß verletzt, aber trotzdem seinen Begleiter, den sie ihm aufgedrängt hat, wieder zurückgeschickt.

Vor ihr auf dem Schreibtisch liegen einige Briefe von ihm, die ihre Befürchtungen bestätigen: Auf dem einen Fuß hat er noch ein Pflaster, den anderen hat er sich verrenkt und seine empfindlichen Augen sind sehr entzündet. Die Gräfin macht sich seufzend an ihren Brief:

> *»Was Deine Pilgerschaft betrifft, die verehre ich und sie ist mir sehr wichtig ... Alle Beschwerlichkeit und Niedrigkeit begreife ich, daß sie sein muss auf diese Art, und es kommt mir, was zur Pilgerschaft gehört, nichts wunderlich und anstößig vor. Aber die Sache mit Deinem Fuß macht mich oft ein wenig in meinem Gemüt besetzt, aus der Ursache, weil du gleich zu Anfang derselben den bösen Fuß bekamst. Das hätte ich für mein Teil angesehen als Warnung, daß ich anfangs die Fußreise nicht forcieren sollte, sondern den Fuß erst recht heil werden lassen, damit ich mir keine Hinderung machte. Denn du mußt ja doch jetzt fahren.«*

Erdmuth hält inne und überlegt, dann setzt sie versöhnlich hinzu:

> *»Hast du aber ein Los für Dich, so schweige ich stille und überlasse alles dem, der Dich führt.«*

Sie liest seine Briefe noch einmal durch. Da ist ein Glückwunsch zur Geburt der Tochter Maria Agnes, von der er unterwegs erfahren hat: »Du bist wieder ohne Weitläufigkeit Mutter geworden, der Herr sei gelobt!«[95]

In einem anderen Brief erinnert Zinzendorf seine Frau an die Sache mit der Fußwaschung, die ihr zu einem engen und herzlichen Verhältnis mit den Schwestern verholfen hat. Er fügt die Bitte hinzu, sie möge sich in Herrnhut doch auch in der Kleidung den Schwestern anpassen: »ohne Reifrock, ohne Nachzug, ohne Contouche«:

> »Aber besinne Dir's recht und zwinge Dich eben zu nichts, sondern fange auf einmal an, eine Magd zu werden von ganzem Herzen, mit den Schwestern Du, wie ich sonst mit den Brüdern.«[96]

»Contouchen« sind weite, bequeme Überkleider mit halblangen Ärmeln und einer Rückenquetschfalte. Erdmuth möchte auf diese angenehme Mode nicht verzichten; sie fügt ihrem Brief noch einen Nachsatz zu:

> »Das Schlechtanziehen wird mir wohl nicht viel kosten und sollst du mich, wenn wir allein hier sind, ohne Fremde, schon ohne Nachzug und Reifrock sehen. Was die Contouchen anlangt, so ist es bald etwas Unmögliches. Denn ich glaube, Du würdest es selbst nicht leiden können. Wenn ich krumm oder schief geboren wäre, so wollte ich mir nunmehr keine Schande draus machen, mich so sehen zu lassen, aber so sehe ich es nicht vor nötig an, meine ordinären (gewöhnlichen) Contouchen sind kurz und von fern nicht anders als der Schwestern (Kleidung) anzusehen ...«[97]

Als Zinzendorf am letzten Tag des Jahres 1735 nach Herrnhut zurückkehrt, ist er so erschöpft und krank, dass er sich einige Wochen ins Bett legen muss. Aber er ist in Zürich gewesen, wenn er auch ohne einen Heller in der Tasche dort angekommen ist. Und er hat, was der Zweck seiner Reise war, viele Gespräche mit den dortigen Pietisten geführt und die Verbindung zu den Schweizer Freunden gefestigt.

Reise nach Holland

Erdmuth ist noch dabei, ihren Mann gesund zu pflegen, da spricht er schon von neuen Reiseplänen. Nach Amsterdam müsste er dringend fahren, wo man von Herrnhut gehört hat, wo sogar ein Buch über die Gemeine erschienen ist und wo man den Grafen brennend gern kennen lernen möchte. Auch die Fürstin von Oranien hat eine Einladung geschickt. Aber dieses Mal will Zinzendorf nicht allein und pilgermäßig losziehen, sondern Erdmuth soll ihn begleiten und auch die zehnjährige Tochter Benigna, außerdem eine größere Zahl von Brüdern und Schwestern, damit man in Holland wirklich als Gemeine auftreten kann!

Wie erwartet, ist Erdmuth für eine solche Reise mitten im Winter nicht zu begeistern. Sie hat auch ein gewichtiges Argument dagegen: Der Oberamtshauptmann in Bautzen hat Zinzendorf dringend gebeten, einige Zeit im Land zu bleiben, da er am kurfürstlichen Hof in Dresden wieder einmal in Ungnade gefallen ist. Einige Oberlausitzer Adelsherren haben Beschwerden gegen ihn wegen der Herrnhuter Hausversammlungen in ihrem Gebiet erhoben. Man weiß noch nicht, wie der Kurfürst reagieren wird. Der Graf sollte auf jeden Fall den Ausgang der Angelegenheit in Herrnhut abwarten.

Aber Zinzendorf fällt es schwer zu warten. Ungeduldig erklärt er die Reise nach Holland für unaufschiebbar und drängt Erdmuth, das nötige Reisegeld zu beschaffen. Schließlich bricht man am 15. Februar 1736 in großer Gesellschaft auf.

Es ist ein harter Winter und die Postkutsche quält sich streckenweise durch tiefen Schnee. Die Reise dauert fast drei Wochen, bis man in Amsterdam am 4. März ankommt.

Zinzendorf mietet ein großes Haus, wo man den Tageslauf lebt wie daheim in Herrnhut mit Andachten, Versammlungen und Singstunde. Besucher aus Amsterdam kommen in Scharen dazu, viele auch aus dem begüterten Bürgertum. Die Brüdergemeine findet in Holland große Resonanz und einen breiten Freundeskreis.

Einer der reichen Kaufleute, Matthias Beuning, erkundigt sich nach der finanziellen Lage Zinzendorfs und seiner Gemeine. Er bietet ihm an, alle Geldgeschäfte für ihn in Holland abzuwickeln, wo die Zinsen günstiger sind als in Deutschland. Zinzendorf ergreift die Chance, die sich ihm bietet; später meint er: »Ich hätte Gott versucht, wenn ich's nicht getan hätte«[98].

Die geschäftlichen Verhandlungen im Einzelnen überlässt der Graf seiner Frau. Man vereinbart, dass alle Schuldverschreibungen der sächsischen Schuldner an die Holländer übertragen werden, was den Herrnhutern eine viel größere Unabhängigkeit sichert.

Die Brüdergemeine, die bisher hauptsächlich aus Bauern und Handwerkern bestand, bekommt nun auf einmal Zuwachs aus dem Kreis des Großbürgertums. Die neuen Freunde sind auch bereit, großzügige Kredite zu geben. Sie kaufen für die Gemeine ein Grundstück in Ysselstein, das die Fürstin von Oranien angeboten hat, und wo die Brüderkolonie Heerendijk entstehen soll.

Erdmuth ist mit Benigna zu Gast bei der Fürstin auf ihrem Schloss in Leuwarden und hat »manche herzvertrauliche Unterredung« mit der hohen Dame, die sich auch gegen die junge Comtesse Benigna »besonders liebreich«[99] zeigt. Zinzendorf, der noch im Land herumgereist ist, kommt am 12. April nach, um seine Frau und Tochter abzuholen. Am 16. April macht man sich auf die Rückreise nach Herrnhut.

Die zweite Ausweisung

Hochgestimmt und froh über den erfolgreichen Aufenthalt in Holland kommt die Familie mit Begleitung in Kassel an, wo man Station machen will. Dorthin ist auch die Post aus Herrnhut nachgeschickt worden. Dabei findet sich die Kopie eines amtlichen Schreibens vom Kurfürsten: Zinzendorf ist mit sofortiger Wirkung erneut aus Sachsen ausgewiesen worden. Allen fährt der Schrecken in die Glieder; die Gräfin muss um Fassung ringen:

»Der Heiland tat mir die Gnade«, schreibt sie in ihr Tagebuch, *»mein Gemüt stille vor ihm zu halten und nur zuzusehen. Wir hielten uns nicht über eine Stunde auf, und fuhren auf Lichtenau (das vorgesehene Nachtquartier). Auf dem Weg ging mein Herr meistenteils zu Fuß, und redete über der Sache mit dem Heilande.«*[100]

Nach dieser »Unterredung« ist Zinzendorf fest überzeugt, dass diese Maßnahme, von der Regierung als Zerstörung und Vernichtung der Brüdergemeine gedacht, zur Ausbreitung und Stärkung der Gemeinschaft dienen wird.

Die Reisegesellschaft begibt sich zunächst nach Ebersdorf. Unterwegs treffen sie mit Bruder David Nitschmann zusammen, der ihnen aus Herrnhut entgegengekommen ist und noch Genaueres über die Sanktionen gegen die Brüdergemeine berichten kann. Eine Untersuchungskommission ist nach Herrnhut abgeordnet, mit der deutlichen Absicht, die Gemeine und die Anstalten aufzulösen. Zinzendorf ist aber trotz aller schlechten Nachrichten nicht in seiner Zuversicht zu erschüttern. Er versteht das Exil als Aufforderung zur Pilgerschaft mit der »Pilgergemeine«, die er um sich sammeln will, um »der Welt den Heiland zu verkündigen«[101].

Die Untersuchungskommission

In Ebersdorf müssen sich die Gatten trennen. Die Gräfin reist so schnell wie möglich nach Herrnhut, um als Ortsherrin die Untersuchungskommission zu empfangen. Die Mitglieder der Kommission zeigen sich unerwartet freundlich und verständnisvoll. Die Gemeine führt ihr Leben in der gewohnten Ordnung weiter und ist zu jeder Auskunft bereit, so dass die elf Tage – so lange dauert die Untersuchung – in einer guten Atmosphäre vorüber gehen. Erleichtert schreibt Erdmuth an ihren Mann, der in Ebersdorf sehnsüchtig auf Nachricht wartet:

> *»Übrigens ist es recht schön hier, die Leidenszeit ist eine herrliche Zeit, es ist eine gewisse sanfte, kräftige Fassung, man kann's nicht beschreiben, und ein ganz besonderes Zusammenbinden der Herzen. Wir sind bald den ganzen Tag beisammen. Ihr, die Ihr nicht da seid, habt einen Verlust. Wie freudig sehen alle Gesichter aus. Jetzt kann man Zeugen sehen ...«*

Sie berichtet von Einzelheiten der Untersuchung und den Fragen der Kommission. Besonders verdächtig sind offensichtlich die »Stundenbeter«, ein Gebetsdienst rund um die Uhr, bei dem sich Brüder und Schwestern abwechseln: »... drauf haben sie gefragt, ob nicht die Stundenbeter wider den König beten würden (denn vor den Stundenbetern fürchten sie sich als wie vor Soldaten).«[102]

Das Ergebnis der Untersuchung ist schließlich eine stillschweigende weitere Duldung der Brüdergemeine.

Die Ronneburg

Zinzendorf hat inzwischen eine kleine Pilgergemeine um sich gesammelt, Brüder und Schwestern, die aus Herrnhut zu ihm gestoßen sind, darunter auch seine größeren Kinder, Benigna und Christian Renatus, ebenso Anna Nitschmann, die Erzieherin und Betreuerin der jungen Komtesse. Es besteht die Aussicht, Schloss Marienborn in der Wetterau bei Frankfurt für die Pilgergemeine zu pachten. So lange aber die Verhandlungen laufen, hat der Graf sich mit den Seinen auf der halb verfallenen Ronneburg bei Marienborn eingemietet, wo sich verarmte Familien mit verwahrlosten Kindern und auch viele Juden niedergelassen haben. Nach Zinzendorfs Ansicht ist die Arbeit mit diesen »armen und elenden Leuten«[103] eine wichtige Aufgabe für die Pilgergemeine.

Auf Zinzendorfs dringende Bitte hin kommt Erdmuth mit den jüngeren Kindern auf die Ronneburg nach, um dort die »Hausmutterschaft« zu übernehmen. Zinzendorf ist sehr erleichtert über ihre Ankunft. Nach wenigen Wochen überträgt er ihr die Aufsicht

Nikolaus Ludwig von Zinzendorf zieht mit seinen zwei ältesten Kindern Benigna und Christian Renatus und Anna Nitschmann von Lindheim zu Fuß nach der Ronneburg 1736
Gouache auf Pergament von Adam Paul Schöpffel, 1747

über die Burg und bricht zu einer großen Reise nach Livland auf. Die Pilgergemeine soll nach Möglichkeit seine Rückkehr auf der Burg abwarten und in Zweifelsfällen das Los befragen.

Die Wochen auf der unwirtlichen, heruntergekommenen Burg – Schwester Anna Nitschmann nennt sie eine »Wohnung der Eulen und Fledermäuse«[104] – gehören zu den schlimmsten Zeiten in Erdmuths Leben. Im August erkrankt ihr kleiner Sohn Christian Ludwig, »ein hoffnungsvolles, von jedermann als ein Augapfel geliebtes« Kind an der Ruhr und stirbt nach wenigen Tagen. Erdmuth ist sehr verzweifelt; es wird ihr schwer, Gottes Willen anzunehmen, wie aus einem Brief an ihren Bruder hervorgeht:

> *»Das sind Proben auf der Pilgerschaft, betet für mich, dass der Heiland durch dieses Feuer der Reinigung seinen Zweck erhalten möge. Er ist nur sechs Tage gelegen. Er war ein gesundes, ausnehmend kluges und aufgewecktes Kind. Ihm ist wohl, wenngleich das Mutterherz tief verwundet ist, so kennt es doch den, der die Wunde gemacht, als Liebe.«*[105]

Wie immer in düsteren Stunden versucht Erdmuth, ihren Schmerz in einem Lied auszudrücken und ihn so zu bewältigen:

> *»Ich sinke hin, ich bücke mich,*
> *Und ehr' dich Herr, in deinen Wegen,*
> *Du wirst mir doch nicht fürchterlich,*
> *magst, was du willst, mir auferlegen ...«*[106]

Abzug von der Ronneburg

Die Situation auf der alten Burg wird für die Gräfin und ihre Begleiter immer unerträglicher. Manche der asozialen Bewohner verhalten sich ablehnend und feindlich den Brüdern und Schwestern gegenüber. Anfang September will der Burgverwalter wissen, ob der bis Oktober abgeschlossene Mietvertrag verlängert werden soll, und drängt auf eine Entscheidung. Kurz darauf erscheint Friedrich von

Watteville auf der Burg und bittet die Gräfin dringend, wieder nach Herrnhut zu kommen, sie fehle dort »an allen Ecken«[107].

Erdmuth ist ratlos. Zinzendorf hat schon lange nichts mehr von sich hören lassen, so dass sie nicht weiß, wann mit seiner Rückkehr zu rechnen ist. Flehentlich bittet sie ihn um Nachricht:

> *»Innigst geliebter Bruder: Was soll ich schreiben, ein wenig mich beklagen, dass schon drei Wochen keine Nachricht von Dir habe. Ich armes Mensch, es kommt fein alles zusammen. Ich warte alle Tage und immer umsonst, wir sind denn noch hier und haben aufs Los aufgesagt bis dato, aber noch kein Ort, wo weiterhin. Das Los heißt uns immer, wir sollen uns nicht bekümmern, das Dunkle wird doch auch noch lichter werden ...«*[108]

Erdmuth und ihre Getreuen auf der Ronneburg haben große Schwierigkeiten mit dem Los. Es gibt ihnen nach mehreren Versuchen endlich die Erlaubnis zu kündigen und abzureisen, aber noch ist nicht klar, wohin sie sich wenden sollen. Nach Herrnhut zurück? Aber was ist, wenn Zinzendorf zurückkommt, der ihnen dorthin nicht folgen darf? Also lost man, ob man über das Reiseziel losen soll. Der Bescheid fällt positiv aus; daraufhin werden zwei Lose vorbereitet, wie die Gräfin später in einem Bericht über die Ereignisse schreibt:

> *»Wir setzten auf eins: Es ist besser, die Gräfin reist nach Herrnhut, aufs andere: Es ist besser, sie bleibt noch eine Zeit lang in hiesigen Gegenden. Es fiel das letzte.«*

Da Zinzendorf vor seiner Abreise als Alternative zur Ronneburg Frankfurt angegeben hat, »so losten wir, ob wir außer Frankfurt noch auf andere Orte reflektieren sollten. Es traf aber nein«[109].

Vor der Abreise wird die kleine, zehn Monate alte Agnes so schwer krank, dass man um ihr Leben fürchten muss. Aber bis zum 11.Oktober, dem Tag des Abschieds, ist sie zum Glück wieder reisefähig. Watteville hält noch eine Andacht auf der Burg, »mit herzlichem Gebet, wobei sich keines der Tränen enthalten konnte«, dann bewegt sich der Zug mit zwei großen Packwagen zum Burgtor hinaus. Erdmuth ist in einer sehr gedrückten Stimmung:

> *»Mein Herz war sonderlich ganz zermalmt vor dem Heiland um vieler Ursachen wegen und ich bat den Heiland, dass er uns nur immer hintennach sollte sehen lassen ...«*[110]

Die Gräfin richtet sich in dem Frankfurter Quartier ein, so gut es geht – es ist allerdings sehr »pilgermäßig« – und wartet Zinzendorfs Rückkehr ab. Ihre Ankunft hat sich in der Stadt herumgesprochen; viele Besucher klopfen bei ihr an und wollen Zuspruch und seelsorgerlichen Rat. Erdmuth bemüht sich redlich, auch den schlichten Gemütern gerecht zu werden, wie aus ihrem Tagebuch hervorgeht:

> *»Den Vormittag war die Sekretärin Igelin bei mir, blieb auch zu Tische. Sie erzählte mir ihre ganze Führung, dabei wohl viele gute Phantasie, aber gewiss eine innige Liebe zum Heiland zugrund liegt. Lieber Heiland, bewahre mich und uns alle, dass wir aus Vernunft nicht über dergleichen Seelen richten, und die Gnade, die sich da in fast törichter Gestalt vorstellt, nicht gering achten, wie glücklich ist die Einfalt. Mein Herz hat's gefühlt, dass dir solche Seelen, wenn sie auch äußerlich sowohl von Bösen als Guten für Narren angesehen werden, sehr nahe sein, die gehn unangesagt zu dir hin ...«*[111]

Zwischen Herrnhut und Pilgergemeine

Am 7. November kehrt Zinzendorf aus Livland zurück und trifft sich mit seiner Frau in Frankfurt. In den nächsten Jahren begleitet Erdmuth ihren Gatten auf Reisen nach Holland, England und Berlin. Fast immer sind für sie diese Reisen eine große Überwindung: »... meine Natur hätte nicht fragen dürfen, die wäre schwer drangegangen, weil ich's aber vor dem Heiland überlegte, konnte nicht nein sagen ...«[112]

Dazwischen muss Erdmuth immer wieder in Herrnhut nach dem Rechten sehen, wo es in ihrer Abwesenheit in der Verwaltung der Wirtschaft und Finanzen oft »eine große Konfusion in allen Stücken« gibt. 1736 ist ihr treuer Mitarbeiter Tobias Friedrich gestorben. Andere sind an seine Stelle getreten, mit denen sie aus der Ferne korrespondiert. Trotzdem geht nicht immer alles in ihrem Sinn. Einmal schreibt sie aus Herrnhut an Zinzendorf: »Lange hätte es nicht mehr so währen dürfen, so wäre kaum rauszukommen gewesen.« Sie berichtet vom Rückgang der Einnahmen in Holzhandel, Ziegelbrennerei und Bleicherei und schließt:

> *»Ich kann nicht einen Menschen der Untreue beschuldigen, aber aus Unwissenheit ist viel Schaden geschehen ... Dieses schreibe (ich) nicht beschwerungsweise, denn ich glaube gewiss, der Heiland wird auch darin weisen und hat's auch zum Teil schon getan, dass uns die Pilgerschaft nicht schaden wird.«*[113]

Die Pilgergemeine braucht natürlich auch Unterstützung aus der gräflichen Kasse, so weit die Mitglieder nicht aus eigener Tasche für Nahrung und Kleidung sorgen können. Die Gräfin als »Hausmutter« versteht es, »alles so weislich einzuteilen, dass mit wenigem viel«[114] geschieht und man »pilgermäßig« auskommt. Trotzdem bittet Erdmuth ihren Mann händeringend um Sparsamkeit:

> *»Herzensbruder, du wirst wohl menagieren (haushalten) so viel möglich, denn es geht immer auf die Hin- und Herreisen viel Geld, und das Waisenhaus, weil niemand mehr gern von Zeit zu Zeit borgt, nimmt was Rechtes weg ...«*

Manchmal ärgert sich Erdmuth auch über einzelne Mitglieder der Pilgergemeine, die sich allzu sehr auf die Fürsorge der Gräfin verlassen. Sie schreibt an Zinzendorf über Schwester Lintrup, die es sich anscheinend in Berlin recht behaglich gemacht hat:

»soll es denn immer so fort gehen und sie noch immer Freiheit haben, fort zu hausen, wie sie will? ... Du hast mir's fein nicht gehalten, was Du versprochen, Du wollest einen scharfen Brief an sie schreiben, denn mit der Bedingung versprach ich stille zu sein ... Was wird sie kosten, wenn sie in dem kostbaren Berlin, nach ihrem Einfall, wie sie denkt, dass sie es haben muss, leben soll. Es ist mir eingefallen, man probiert's und gibt ihr die Woche für ihre Person einen Reichstaler ... ich zahle ferner keinen Kreuzer solcher Schulden für sie, ihr Kaffeetrinken muss auch nicht unter den Gulden gerechnet werden ... Halt mir's zu gut, dass ich etwas hart darinnen bin, wir haben dürftigere und erkenntlichere Brüder und Schwestern ...«[115]

Die »Pilgerjahre« sind also für Erdmuth sehr schwierige und anstrengende Zeiten. Mit großer Tapferkeit und Umsicht bewältigt sie die unglaubliche Belastung, gleichzeitig Ortsherrin in Herrnhut und Hausmutter der Pilgergemeine zu sein. Und sie ist sehr oft schwanger: zwölf Kinder bringt sie bis zum Jahr 1740 zur Welt, nur vier überleben das Kindesalter.

Im Jahre 1737 gestattet der Kurfürst dem Grafen für ein paar Monate die Rückkehr nach Herrnhut – die Gräfin glaubt schon aufatmen zu können. Aber dann wird die Tonlage der Regierung in Dresden wieder so eisig und gefährlich, dass Zinzendorf es vorzieht, freiwillig Sachsen zu verlassen und nach Berlin zu gehen, wo er inzwischen in dem preußischen König Friedrich Wilhelm I. einen wohlwollenden Gönner gefunden hat.

Der Hofprediger des Königs, Daniel Ernst Jablonski, ein Enkel von Johann Amos Comenius, ist zugleich Bischof der mährischen Brüderkirche, die sich in Polen noch erhalten hat. Von ihm wird Zinzendorf am 20. Mai als lutherischer Geistlicher zum Bischof der mährischen Brüder geweiht.

1738 kann die gräfliche Familie endlich in Schloss Marienborn einziehen, das die holländischen Freunde für die Pilgergemeine gepachtet haben. Erdmuth hat jetzt so etwas wie einen zweiten festen Wohnsitz neben Herrnhut. In der Nähe von Marienborn wird von dem Grafen von Büdingen ein großes Grundstück erworben, auf dem eine neue Siedlung der Brüdergemeine, Herrnhaag, gebaut werden soll.

5. Repräsentantin der Brüdergemeine

Warum spürt Zinzendorf Ende 1738 den dringlichen inneren Ruf, auf die Insel St. Thomas in die Karibik zu fahren? Es ist eine weite, gefährliche Schiffsreise; viele Segler kentern in der stürmischen See. Aber vor ihm sind andere aus seiner Gemeine dorthin gefahren. Seit 1732 arbeiten in der dänischen Kolonie St. Thomas Herrnhuter Brüder unter den schwarzen Sklaven, die ersten Missionare, die von der Gemeine ausgeschickt wurden.

1734 folgten ihnen achtzehn junge Leute aus Herrnhut, die als Kolonisten und Missionare auf der benachbarten Insel St. Croix arbeiten wollten, aber zum großen Teil dem mörderischen Klima zum Opfer fielen. Die Gemeine war von dem Verlust schwer getroffen; es fehlte auch nicht an Vorwürfen gegenüber den Ältesten und gegen Zinzendorf, dass man die Brüder und Schwestern »nur so in den Tod schicke«[116].

Zinzendorfs Reise nach St. Thomas

Um zu zeigen, wie wichtig ihm die Missionsarbeit ist – inzwischen gibt es Brüdermissionare auch in Grönland und Nordamerika –, und um zu zeigen, dass er selbst auf sich nimmt, was er anderen zumutet, will Zinzendorf sich den Gefahren einer Reise nach Westindien aussetzen und die Brüder in St. Thomas besuchen. Von Erdmuth nimmt er Abschied »als wenn er in die Ewigkeit ginge und sie wusste auch nicht, ob sie ihn wiedersehen würde ...«[117]

Erdmuth fällt es sehr schwer, ihn ziehen zu lassen, aber sie begreift die Notwendigkeit dieser Reise. Sie schreibt ihrem Bruder aus Marienborn:

> *»Nun bin ich hier allein. Du kannst Dir leicht denken, dass es meiner Natur eine ziemliche Probe ist, meinen lieben Herrn eine solche weite und gefährliche Reise tun zu sehen, es würde mir freilich unerträglich sein, wenn ich nicht den gewissen Willen des Heilands vor mir hätte und wüsste nicht, dass es gewiss kein Vorwitz von ihm. Ich traue es dem Heiland zu, er wird ihn nach seinem Willen im Segen wieder herbringen und nicht mehr auflegen, als die Schultern tragen können.«*[118]

Erdmuths Zuversicht ist gerechtfertigt, wenn sie auch viele Monate auf die Rückkehr ihres Mannes warten muss. Am 1. Juni 1739 trifft Zinzendorf wieder in Marienborn ein, ganz erfüllt und begeistert von den Eindrücken der Reise: »St. Thomas ist ein größeres Wunder als Herrnhut!«[119]

Aber auch ihm hat das ungesunde Klima zugesetzt, Malariaanfälle und Geschwüre plagen ihn. Trotzdem glaubt er, dass seine Arbeit keinen Aufschub duldet; er fährt zur Synode nach Ebersdorf und danach nach Württemberg.

Inzwischen hat Erdmuth eine schwere Lungenkrankheit durchgemacht, die sie beinahe das Leben gekostet hätte. Zinzendorf lädt sie dringend ein, zu ihm nach Württemberg zu kommen. Die Luftveränderung tut ihr gut, aber sie erholt sich nur langsam. Und die Pflicht ruft sie wieder nach Herrnhut!

Reise nach Genf

1741 veranstaltet Zinzendorf eine große »Gemeinereise« in die Schweiz, nach Genf. Erdmuth wird mit zwei Kindern, Christian Renatus und Salome, im Januar vorausgeschickt, um Quartier zu machen. Nach und nach folgen etwa vierzig Brüder und Schwestern, Zinzendorf mit der letzten Gruppe im März. Wieder, wie 1736 in

Holland, möchte sich die Gemeine in ihrem liturgischen Leben darstellen, besucht aber am Sonntag den reformierten Gottesdienst, um ihre Verbundenheit mit der Genfer Kirche zu zeigen. Auch hier gewinnen die Herrnhuter viele Freunde unter den Bürgern der Stadt – weniger unter den führenden Geistlichen, die sich Zinzendorf gegenüber sehr zurückhaltend zeigen.

Erdmuth genießt das milde Klima am Genfer See, ebenso das seltene Zusammensein mit ihrem Mann und den zwei Kindern, die bei ihr sind. Christian Renatus kann seine französischen Sprachkenntnisse aufbessern und auf diese Weise den Aufenthalt als »Bildungsreise« verbuchen. Gut erholt kehrt die Familie Zinzendorf im Mai nach Marienborn zurück. Die neu gewonnenen Kräfte können alle gut brauchen, denn schon wieder steht ein großer Abschied bevor.

Die Londoner Verlasskonferenz

Im Herbst will Zinzendorf sich auf eine längere Reise nach Pennsylvanien in Nordamerika begeben, wobei ihn seine älteste Tochter Benigna begleiten soll. Vor der Abreise hält Zinzendorf eine große »Verlass«- oder Abschiedskonferenz in London ab, an der seine engsten Mitarbeiter, unter ihnen natürlich Erdmuth, teilnehmen. Aufgaben und Befugnisse sollen für die Zeit seiner Abwesenheit verteilt werden.

Als »Generalältester« wird auf dieser Konferenz in einer überraschenden Entscheidung der Heiland selbst eingesetzt, dem als »unsichtbarem Chef«[120] von nun an in jeder Konferenz ein Platz frei gehalten wird. Zinzendorfs Befugnisse als »Vorsteher« werden auf zwölf »Generalämter« aufgeteilt, die zusammen die »Generalkonferenz« bilden und die Leitung der Gemeine für die Zeit von Zinzendorfs Abwesenheit übernehmen. Erdmuth bekommt mit drei anderen das Amt der »Hausmutterschaft«, das auch die Oberaufsicht über die Finanzen einschließt.

Dazu überträgt ihr Zinzendorf das Amt des »Charniers«, das er für das »allernötigste und unentbehrlichste Amt« in der Gemeine hält, »das, was an der Uhr der Schlüssel ist«[121]. Eine Art »Schlüsselstellung« also, der Dreh-und Angelpunkt, eben das »Scharnier«! Kein schlechtes Bild für das Wirken Erdmuths in der Gemeine: Ein Scharnier ist unsichtbar, lautlos, unauffällig und doch unentbehrlich für jede Drehbewegung nach innen und außen.

Über die finanzielle Lage der Gemeine hat das Ehepaar Zinzendorf eine gesonderte Besprechung unter vier Augen. Es sollen möglichst keine Schulden mehr gemacht werden. Man hofft, mit Zuschüssen der reichen Freunde und einer Kollekte über die Runden zu kommen.

Darüber hinaus bekommt Erdmuth weitere Aufträge: Sie soll nach Ebersdorf fahren und eine Versöhnung mit der dortigen Gemeinde erreichen, wo es Unstimmigkeiten gegeben hat. Außerdem wird sie als Vertreterin der Brüdergemeine nach Dänemark, Livland und Petersburg gesandt.

Als es dann zum Abschied kommt, ist Erdmuth ganz geknickt; denn diesmal muss sie ja nicht nur den Mann, sondern auch die Tochter auf die weite und gefährliche Reise ziehen lassen! Zinzendorf spürt, wie es seiner Frau ums Herz ist, und versucht sie in einem Briefchen kurz vor der Abfahrt des Schiffes von Torbay aus zu trösten:

> *»Allerliebstes Herz. Ich habe wohl nur ein kleines Zettelchen und noch einen kleinen Augenblick, ich muss Dich aber doch noch einmal herzlich küssen. Denke doch, mein Kind, es sind bald zwei Wochen vorbei, und so geht ein Tag nach dem andern hin, die pennsylvanische Reise ist schon resolviert, der Heiland geht augenblicklich mit mir, und wenn du seine große Magd wirst, so sehe ich Dich gewiss in Frieden und Freude wieder, vielleicht ehe du denkst, wenn ich eher fertig werde. Ich bin... Dein treuer und mit unauslöschlicher Liebe gegen Dich vom Lamm entzündeter Mann und Gehilfe und Fürbeter Zinzendorf.«*[122]

Erdmuth Dorothea von Zinzendorf mit Töchterchen Elisabeth

Text: »(Elisabeth) sitzt auf ihrer Mamma Schoß und blättert in einer Bilderbibel, und da sie auf ein segelndes Schiff kommt, küsst sie ihr Händchen, legt's auf das Bild und sagt ganz bewegt: Lämmlein! Ach Papa adieu, ach Bienel adieu. Denn sie hatte gehört, dass ihr Papa und Schwester Benigne eben auf der See waren, nach Pennsylvanien hin zu segeln.«

Tuschzeichnung von Friedrich von Watteville

Konferenz in Ebersdorf

Erdmuth kehrt zunächst aus London nach Marienborn zurück und macht sich dann Anfang Januar 1742 auf, um ihren ersten Auftrag in Ebersdorf auszuführen.

Wie kam es zu den Verstimmungen mit Ebersdorf, der »Schwestergemeinde«, der Heimat Erdmuths und Residenz ihres Bruders Heinrichs XXIX., Zinzendorfs Schwager und Freund? Seit Jahren gab es immer wieder Probleme zwischen Zinzendorf und den Reußischen Verwandten, schon zu Lebzeiten der alten Gräfin Reuß, die 1732 starb. Erdmuth hielt dabei immer treu zu ihrem Mann. Aber man hegt in Ebersdorf seit langem den Argwohn, Zinzendorf strebe eine geistliche Vorherrschaft über die Ebersdorfer Gemeinde an, die auf ihre Selbstständigkeit stolz ist.

In letzter Zeit ging es vor allem um die Person des Predigers Steinhofer, den Zinzendorf nur vorübergehend nach Ebersdorf geschickt hatte und den die Ebersdorfer gerne dort behalten wollten.

Eine schwierige und delikate Aufgabe also für Erdmuth, die andrerseits wegen ihrer verwandtschaftlichen Beziehungen zur Familie Reuß den besten Zugang zu dieser Gemeinde hat. Trotzdem übernimmt sie diese Mission nur mit großen Ängsten, wie Zitate aus ihrem Tagebuch zeigen. Auf der Hinreise schreibt sie am 7. Januar 1742:

> *»Der Heiland führte mich in eine besondere Stille. Ich konnte viel in meinem Innern mit ihm ausreden, vieles beugte mich, vieles ermunterte mich; mein Plan wurde mir sehr wichtig. Ich fühlte mich in- und äußerlich ungeschickt, darüber ich in einige Enge meines Gemüts kam ... Ich mußte mich recht anklammern, es fiel mir so manches ein, das mein Gemüt besetzte, sonderlich, daß ich als eine Weibsperson so alleine wäre, und müsste doch soviel auf mich nehmen ... Ich kam in manche Gedanken. Du weißt's, mein Lamm, und hast mir wieder Luft gemacht.«*[123]

Das »Lamm« – als Bezeichnung für den Heiland – kommt von dieser Zeit an in Erdmuths Tagebüchern und Briefen sehr oft vor. Sie übernimmt damit die neue Sprache und Denkweise Zinzendorfs, die er in den letzten Jahren in der Gemeine eingeführt hat.

Am 12. Januar trifft Erdmuth mit ihrer Begleitung in Ebersdorf ein:

> »Wir waren vergnügt. Ich schlug in meinem Losungsbüchel, wie ich bald hier war, auf: Ich will deine Sache ausführen. Mein Herz war gebeugt, doch aber zuversichtlich. Ich kam nach drei Uhr hier an, wir wurden sehr freundlich empfangen.«[124]

Es dauert einige Zeit, bis es nach Einzelgesprächen mit den Verwandten und Steinhofer zu einer allgemeinen Konferenz kommt. Bezeichnenderweise fragen Erdmuth und ihr Begleiter Jonas Paulus Weiß vorher das Los, ob sie sich ein Konzept dafür machen sollen und erhalten eine abschlägige Antwort:

> »Weil wir nun gar keinen Plan machen durften, so gingen wir sonderlich, da wir ganz unwissend waren, was eigentlich sollte geredet werden, hinein. Ich konnte mich aber recht am Heiland anklammern und Ihn bitten, er sollte mir alle meine Worte regieren... Ich fing an zu reden... Mir war so artig. Ich konnte so klein in meinem Herzen sein und mir war recht wohl. Ich konnte ununterbrochen den Heiland anflehen, seinen Zweck zu erhalten. Es war anfänglich alles zu auf ihrerseits... Da tat ich eine kurze Erklärung, da ich vorher keinen Gedanken drauf gehabt. Nach dieser wurden sie ganz aufgeschlossen... Sie bezeugten mir, wie vergnügt sie wären und daß ihnen ein rechter Stein vom Herzen genommen sei.«[125]

Der Inhalt von Erdmuths »Erklärung« ist die Versicherung, dass die Herrnhuter keineswegs in Ebersdorf »das Ruder führen« wollen, sondern froh wären, »wenn es Gemeinen gäbe, die sich vom Herrn selbst leiten ließen«[126]. Nachdem Erdmuth auch noch versprochen hat, dass man Steinhofer nicht von Ebersdorf wegholen werde, sind alle Unstimmigkeiten ausgeräumt.

Bei dieser Konferenz hat sich deutlich gezeigt, dass Erdmuth, die in den praktischen Dingen des Lebens genau weiß, was sie will, an solche »geistlichen Aufgaben« nur zögernd herangeht. Es ist ihr ganz recht, dass ihr das Los nicht erlaubt, einen »Plan« zu machen – sonst würde sie nicht deswegen fragen! Sie möchte gerne die Verantwortung aus der Hand geben und sich an den Heiland »anklammern«. Und sie erlebt, dass ihr die richtigen Worte im richtigen Augenblick geschenkt werden.

Sie bleibt noch einige Zeit in Ebersdorf, wo sie »mit unterschiedlichen Leuten gesegnete Unterredungen« führt, auch mit ihrer Schwägerin Theodore. Bei Einzelgesprächen ist Erdmuth in ihrem Element. Trotz mancher Sorgen, wie sich das Verhältnis zwischen den beiden Gemeinden weiter entwickeln wird, hat sie in dieser Zeit das Gefühl, dem Heiland besonders nahe zu sein: »... ich möchte bald sagen, der Heiland und ich werden wieder auf eine besondere Art miteinander bekannt ...«[127]

Aufenthalt in Herrnhut

Eigentlich will Erdmuth von Ebersdorf aus nur einen kurzen Abstecher nach Herrnhut machen und dann möglichst schnell die ihr aufgetragene Reise nach Dänemark antreten. Aber sie wird in Herrnhut wieder schwer krank und muss bis in den Sommer hinein warten, ehe sie sich die Strapazen einer solchen Reise zutrauen kann.

Dazu kommt die Sorge um ihre Kinder, die sie in Marienborn für die Dauer der Reisen zurückgelassen hat. Ihre Ängste sind leider nur zu berechtigt. Am 14. Juni 1742 bekommt sie die Nachricht, dass ihr vierjähriger Sohn David in Marienborn an einer Krankheit gestorben ist. Zu allem Schmerz kommen die Selbstvorwürfe, sie habe ihre »Mutterpflicht« versäumt, weil sie ihr Kind nicht selbst gepflegt habe. Daran ist die »Pilgerschaft« schuld, die nun schon sechs Jahre dauert – seit Zinzendorfs Verbannung – und ihr die

Trennung von ihren Kindern auferlegt. Ihre »Gedanken bei dem Abschied meines lieben Sohnes David« wenden sich an den »Führer meiner Pilgerschaft«:

> »*Gegen das hätt die Natur / und Vernunft gern viel gesaget, / und gefraget / warum musst es denn geschehn, / und so gehn / eben in den Pilger-Zeiten / bei so viel Bedenklichkeiten? / Die Vernunft kann's nicht verstehn.*«

Ihre Erinnerungen gehen zurück zu den zwei Kindern, die sie 1736 und 1738 während der Pilgerzeit verloren hat; nach Christian Ludwig ist auch Anna Theresia in der Wetterau gestorben. Sie kann nicht begreifen, dass es »jetzt wieder so« geht, aber sie versinkt nicht in Schwermut und Verbitterung, sondern wendet sich vertrauensvoll an den Heiland:

> »*Liebster, komm, was sag ich doch / aber ich will lieber schweigen / und mich beugen / fühle ich gleich, was geschicht / soll doch nicht/ ein Gedanke was einwenden/ ich nehm's an von Deinen Händen / Du wirst mir's noch machen licht.*«[128]

Trotz Krankheit und persönlichem Leid ist Erdmuth in Herrnhut für alle zu sprechen, die ein seelsorgerliches oder sonstiges Anliegen haben. Sie hat »ein offenes Ohr für alles, was Rat und Trost«[129] braucht.

Die großen Reisen liegen allerdings wie ein Berg vor ihr:

> »*Ich bin*«, schreibt sie am 18. Juni »*wohl so ziemlich, doch noch nicht ganz aus dem Grunde gesund und habe eine recht zerbrechliche Hütte (Körper). Wenn sie soll, muss sie doch halten, bis sie verrichtet, was ihr befohlen. Denn sonst sehe schon zum Voraus, dass sie die jetzige beschwerliche Reise nicht ausstehen könnte.*«[130]

Aber für Erdmuth ist ihr Amt und ihr Auftrag viel zu wichtig, als dass sie auf die »zerbrechliche Hütte« allzu sehr Rücksicht nähme. Am 27. Juni bricht sie in Begleitung von einigen Schwestern und Brüdern nach Dänemark auf.

Reise nach Dänemark

Warum hält es Zinzendorf für unbedingt nötig, dass Erdmuth persönlich nach Dänemark an den königlichen Hof reist, um Fürsprache für die Herrnhuter einzulegen? Er kennt den dänischen König Christian VI. persönlich, die Königin ist eine entfernte Verwandte von ihm. 1731 war Zinzendorf zur Krönung des Königspaares nach Kopenhagen eingeladen und hatte sich damals große Hoffnungen auf ein Regierungsamt am dänischen Hof gemacht, die sich allerdings zerschlugen. Er wurde zwar mit dem Danebrog-Orden ausgezeichnet, aber nicht mit einem Amt betraut.

Allerdings hatte Zinzendorfs Besuch in Kopenhagen den Anstoß zu der Mission der Brüder in den dänischen Kolonien St. Thomas, St. Croix und in Grönland gegeben. Im königlich-dänischen Holstein wurde die Kolonie »Pilgerruh« gegründet. Während also die Brüdergemeine in Dänemark ein gewisses Ansehen genoss, war Zinzendorf persönlich beim dänischen König in Ungnade gefallen. Intrigen seiner Feinde waren daran schuld, ebenso die Tatsache, dass Zinzendorf in den geistlichen Stand eingetreten war. Das hatte der König ihm sehr verübelt; Zinzendorf schickte ihm daraufhin den Orden zurück.

Die Kolonie »Pilgerruh« hatte sich inzwischen mehr oder weniger wieder aufgelöst. Seit 1741 standen dort die meisten Häuser leer.

Erdmuth soll nun – so wurde es in London besprochen – am königlichen Hof für ihren Mann eintreten und zu erreichen versuchen, dass »Pilgerruh« wieder besiedelt werden darf. Eine außergewöhnlich heikle und wenig aussichtsreiche Mission, die ihr da aufgebürdet wurde! Und wie sich schon in Ebersdorf gezeigt hat, ist Erdmuth keineswegs die Natur, die eine solche Aufgabe kühn und zielbewusst angeht.

In Kopenhagen ist ihr erstes und wichtigstes Anliegen, eine Audienz bei der Königin zu beantragen. Die Audienz wird auch bald gewährt, aber da, so berichtet die Gräfin in ihrem Tagebuch, »fiel mich ganz unvermutet eine wunderbare Krankheit an, von Magenkrampf und Schwitzen im Leib«[131]. Sie muss den Termin zweimal verschieben. Ob diese »Magenkrämpfe« psychisch bedingt sind, weil die Gräfin innerlich vor der Unterredung zurückscheut? Über vier Wochen ist sie bereits in Kopenhagen, als die Audienz endlich zustande kommt und sie zur Königin nach Schloss Hirschholm hinausfährt. Ihre Gedanken sind ganz ähnlich wie vor der Ebersdorfer Konferenz, wie sie in einem Bericht über die Begegnung mit der Königin schreibt[132]:

> *»Ich fühlte meine Armut und das wurde mir zur Gnade, denn ich konnte es auf die Kosten des Lammes wagen und war froh, daß ich mich vergessen konnte. Den Weg hinaus war ich vergnügt und gebeugt und in beständigem Anhalten, daß ich nur nicht selber machen und Ihm was verderben möchte.«*

Wieder lässt sie sich vom Los davon abhalten, ihre Gedanken vor der wichtigen Unterredung zu ordnen und ihre Anliegen der Reihe nach vorzubringen:

> *»Ich dachte, ob es jetzt, da so allein war, anginge, daß mir ein Plan machte, was etwan meine Hauptsache. Ich sollte aber nichts wissen... gegen vier Uhr wurde ich dann gerufen. Ich ging mit einem lichten und ganz zutraulichen Herzen zum Heiland herunter...«*

Die Königin empfängt sie freundlich und sagt, »es wäre ihr von Herzen lieb«, die Gräfin zu sehen. Sie erkundigt sich teilnehmend nach Erdmuths Krankheit und nach Zinzendorf. Erdmuth hat Nachricht, dass es ihm und der Tochter Benigna in Pennsylvanien gut geht. Daraufhin fragt die Königin neugierig, was an dem Gerücht wahr sei, dass Benigna in Amerika »einen Mohren geheiratet« habe.

Man hat diesen unsinnigen Hofklatsch auch Erdmuth schon zugetragen. Sie nimmt ihn zum Anlass, der Königin darzulegen, wie auch im Falle ihres Mannes »alles, was er tät, auf die schlimmste Art verdreht und verkehrt würde«.

Geschickt ist die Gräfin so auf ihr Thema zu sprechen gekommen. Sie erlebt wieder, dass sie ihre Sache gut vertreten kann. Offen und unbefangen spricht sie mit der hohen Dame, die sich beim König für den Grafen und seine Gemeine einzusetzen verspricht. Sie trägt Erdmuth auf, dem Grafen Zinzendorf »ihr Compliment zu schreiben, sie hätt' ihn noch immer lieb«.

Mehr kann Erdmuth zunächst nicht erwarten. Tief befriedigt verabschiedet sie sich:

> *»Und so ging ich wieder von ihr, dankte meinem Lamm, daß es mich gewürdigt, auch einmal ein Zeugnis von ihm vor Könige zu bringen ... Ich will gerne als ein Stäublein vor ihm liegen bleiben, dem Lamm gebührt alles gar.«*

Obwohl diese Audienz bei der Königin so gut verlaufen ist, wird doch Erdmuths Besuch keine greifbaren Erfolge haben, da die Widerstände am dänischen Hof gegen Zinzendorf zu groß sind. Das aber kann die Gräfin nicht ahnen, die nun ihre dritte und schwierigste Reise antreten muss, deren einzelne Stationen sie wieder gewissenhaft in ihrem Tagebuch festhält.

Reise nach Livland und Petersburg

> *»Den 29. August gingen wir im Namen des Heilands von Copenhagen an Bord ... die Geschwister waren sehr bewegt. Wir mussten auf einem Kahn eine Meile weit in einem ziemlichen Sturm zum Schiff fahren, es war recht gefährlich ...«*[133]

Über Lübeck bringt das Schiff die Gräfin mit ihrer Begleitung in acht Tagen nach Riga. Von hier aus soll sie im Auftrag Zinzendorfs das livländische Brüderwerk visitieren. Dort aber haben sich

Probleme ergeben, von denen sie und ihr Mann bei der Londoner Konferenz noch nichts wissen konnten.

Zinzendorf selbst war ja 1736 einige Monate in den baltischen Provinzen gewesen, die seit 1710 unter russischer Herrschaft stehen. Der Graf wurde damals als Vorsteher der Brüdergemeine freudig empfangen; denn die dort seit einigen Jahren arbeitenden Brüder hatten einen guten Ruf. Er entwickelte seinen »livländischen Plan«, nach dem die Brüder als Hilfsarbeiter der lutherischen Pfarrer fungieren sollten. Mittelpunkt der livländischen Brüderarbeit wurde dann Wolmersdorf, das Gut der Generalin Hallart, die ja eine alte Bekannte Erdmuths war. Auch in Estland gab es in Brinkenhof ein solches Zentrum. Von beiden ging eine starke religiöse Volksbewegung aus, eine Erweckung, die den Brüdern großen Zulauf brachte.

Nicht alle konnten mit der warmen Sympathie, die ihnen in den baltischen Provinzen entgegengebracht wurde, richtig umgehen. Sie »gewannen Freude am Wohlleben«[134], wie es in einem Bericht heißt. Und sie versuchten, sich von der lutherischen Kirche zu lösen und eine größere Selbstständigkeit zu erreichen. Das war keineswegs im Sinne Zinzendorfs; zu leicht konnte die Brüdergemeine in den Geruch einer Sekte kommen. Außerdem verloren die Brüder durch diese Bestrebungen viele Gönner und Freunde in der lutherischen Pfarrerschaft. Kurz vor Erdmuths Besuch war es bereits zu öffentlichen Auseinandersetzungen gekommen.

Als die Gräfin eintrifft, erfährt sie, dass sich schon eine Untersuchungskommission der Provinzialregierung angekündigt hat. Erdmuth verschafft sich erst einmal einen Überblick. Einerseits bewundert sie die segensreiche Arbeit der Geschwister in Livland, andererseits bemerkt sie in Wolmershof: »Die Brüder sahen so dick und rot aus ... sie waren uns zu munter ...«[135]

Die internen Missstände versucht Erdmuth in vielen Konferenzen zu besprechen und zu beheben; gegen »Wohlleben und Gemächlichkeit«[136] schreitet sie energisch ein.

Dann aber geht es um die äußere Bedrohung der Brüderarbeit. Die Gräfin hat auch den Auftrag, nach Petersburg zu reisen, um sich dort bei der russischen Kaiserin für die weitere Duldung und Anerkennung der Brüder in den baltischen Provinzen einzusetzen.

Da aber inzwischen die Untersuchung der Provinzbehörden gegen die Herrnhuter begonnen hat, bekommt die Sache eine größere Brisanz, als Erdmuth und auch Zinzendorf sich das vorgestellt haben.

Deshalb ist die Gräfin in Petersburg sehr unsicher und verzagt. Sie weiß nicht, wie sie vorgehen soll. Das vielbefragte Los legt ihr zunächst eine Wartezeit auf: »... wollte uns der Heiland den Plan meines eigentlichen Daseins oder was ich zuerst anfangen sollte, noch nicht wissen lassen.[137]«

Dann macht sie Besuche bei einflussreichen Personen und bemüht sich um eine Privataudienz bei der Kaiserin; aber davon rät man ihr dringend ab. Oder könnte vielleicht einer der hohen Hofbeamten der Kaiserin ein »Memorial« (Denkschrift) über die Brüdergemeine überreichen, das sie mit ihren Begleitern abgefasst hat? Dazu findet sich niemand bereit, »weil es eher Schaden als Nutzen stiften würde«[138].

Die Atmosphäre am Petersburger Hof ist undurchsichtig und unberechenbar:

> »Wir erfuhren, wie sogar sehr jedermann uns entgegen, und die noch gute Gedanken hätten, sich scheuten, und dass sie die, welche mit uns umgingen, schon verspotteten.«[139]

Erdmuth sehnt sich »aus diesem Petersburger Kerker wieder in die freie Luft«. Sie fühlt, dass ihre Situation nicht ungefährlich ist und betet zu ihrem »Herzens-Lamm«:

> »Ich wollte mich ja gerne zu Kot und Staub treten lassen, wenn Du nur Ehre davon hast, du weißt, wie eine arme Kreatur ich bin, zeige mir Bahn und Steg, es sei auch, wie es wolle. Laß mich nur nichts verderben, versäumen oder übereilend wagen, ach, ich weiß nichts, du aber alles.«[140]

In Petersburg kommt es also zu keiner Audienz. Erdmuth dringt nicht bis zur Kaiserin vor und reist unverrichteter Dinge am 21. März 1743 wieder ab. Sie ist froh, dass ihr das Los die Abreise erlaubt hat, und überlässt »dem Lamm die ganze Sache ...«[141].

Sie hält sich noch einige Wochen in Livland auf und macht sich Ende April auf die Heimreise. Kurze Zeit, nachdem sie Riga verlassen hat, bekommt der dortige Vizegouverneur einen vom 16. April datierten kaiserlichen Befehl, der »die neue Sekte, deren Urheberin eine gewisse Gräfin Zinzendorf sei«[142], verbietet und ihre Anhänger aus dem Land weist.

Der Vizegouverneur schickt der Gräfin sofort eine Reiterabteilung nach. Glücklicherweise hat Erdmuth mit ihrer Reisegesellschaft die russische Grenze schon passiert, als der Reiteroberst sie einholt. Er versucht, sie zur Umkehr zu bewegen, indem er ihr einen kaiserlichen Brief vorliest, das heißt, ins Deutsche übersetzt. Angeblich bedauert darin die Kaiserin, die Gräfin Zinzendorf nicht gesprochen zu haben, bittet sie zurückzukommen und verspricht ihr ein »kaiserliches Geschenk«[143].

Erdmuth weiß nicht, was sie davon halten soll. Ein Kammerdiener der Gräfin aber, der russisch versteht, ist hinter den Oberst getreten und hat versucht, den Text zu lesen. Er ist überzeugt, dass der Brief in Wirklichkeit einen Haftbefehl für die Gräfin und ihre Begleiter enthält. Hinter dem Rücken des Russen macht er der Gräfin wilde Zeichen und bedeutet ihr, die Einladung abzulehnen. Nur allzu gern folgt Erdmuth diesem Rat. Da sie sich nicht mehr auf russischem Boden befindet, muss der Oberst ohne die Gräfin abziehen.

Am 22. Mai trifft Erdmuth endlich wieder in Marienborn ein. Hier kann sie ihren Mann und Benigna in die Arme schließen, die Ende April schon wohlbehalten von ihrer Amerikareise zurückgekehrt sind.

6. Rückzug ins Privatleben

Nicht nur Erdmuth hat während Zinzendorfs Abwesenheit unermüdlich im Dienst der Gemeine gearbeitet, auch die übrigen Mitglieder der Generalkonferenz sind mit Erfolg tätig gewesen. Sie haben von dem neuen preußischen König Friedrich II. für »ihre Kirche« eine »königlich-preußische Generalkonzession«[144] zur Gründung neuer Gemeinen in Schlesien erhalten, wo bereits drei Stützpunkte entstanden sind. Auch auf andere Neugründungen und Planungen können sie mit Stolz verweisen.

Synode in Hirschberg 1743

Zinzendorf hat allerdings seine Vorbehalte gegen diese Aktivitäten. Auf der ersten Synode, die er nach seiner Rückkehr aus Amerika in Hirschberg abhält, zeigt er deutlich seinen Unwillen. Denn seine Vertreter, einschließlich Erdmuth, sind mit ihrer »Generalkonzession« einen großen Schritt in Richtung auf eine eigene mährische Kirche gegangen. Zinzendorf hingegen will in der Brüdergemeine nichts anderes sehen als eine Erneuerungsbewegung innerhalb der Landeskirchen. Nichts fürchtet er mehr, als dass die Brüdergemeine in die Ecke der Sekten gestellt werden könnte, wohin sie viele seiner Gegner verweisen möchten. Die meisten seiner treuen und tüchtigen Mitarbeiter haben aber dieses Konzept nicht verstanden oder nicht verstehen wollen. In Zinzendorfs Abwesenheit hing ihnen, wie er grimmig sagt, »der mährische Kirchenhimmel voller Geigen«[145].

Erdmuth hat sich ebenfalls nach Zinzendorfs Meinung zu sehr auf die Seite der »Mährenpartei« ziehen lassen. Auch was die

Ergebnisse ihrer Reisen betrifft, ist er nicht mit allem einverstanden; zum Beispiel kritisiert er, sie habe auf der Ebersdorfer Konferenz zu große Friedfertigkeit und zu viel Entgegenkommen gezeigt.

Zinzendorf versucht auf der Hirschberger Synode das Ruder noch einmal herumzureißen. Mit seiner großen Überzeugungskraft bringt er es fertig, alle für seine Richtung zu gewinnen. Die Generalkonferenz wird aufgelöst, da sie ja nur für die Dauer von Zinzendorfs Reise eingesetzt war.

Finanzwesen

Wie sieht es nun mit Erdmuths weiterem »Amtsleben« aus? Ihr Ressort war bis jetzt immer das »Ökonomikum«, die Verwaltung der Finanzen. Aber dieses Arbeitsgebiet ist inzwischen sehr groß und unübersichtlich geworden. Das Finanzwesen von Herrnhut und der Wetterau muss schon lange getrennt verwaltet werden. Seit 1740 hat Erdmuth einen Mitarbeiter und Helfer, Bruder Jonas Paulus Weiß, einen Nürnberger Kaufmann, der sie auch auf ihren Reisen begleitete. Während ihrer Abwesenheit hatte Wenzel Neißer die Geschäfte in der Wetterau geführt und mit Hilfe der holländischen Geldgeber ein großes Vorschussgeschäft mit der Büdinger Regierung abgeschlossen, um den Aufbau von Herrnhaag voranzutreiben.

Erdmuth ist »erstaunt«[146], als sie davon hört, noch mehr, als sie nach ihrer Rückkehr feststellen muss, dass in Marienborn die Geldgeschäfte sehr viel kühner und waghalsiger betrieben werden, als sie das gewohnt ist. Sie hat aber nicht mehr die Kraft, sich dagegen durchzusetzen. Von vielen Krankheiten geschwächt und erschöpft, beginnt sie sich aus der Finanzverwaltung mehr und mehr zurückzuziehen und lehnt es ab, hier noch Verantwortung zu übernehmen. Es ist kein Wunder, dass sie nach 20 Jahren erfüllter, aber auch schwerer Aufbauarbeit in der Gemeine, nach den häufigen Ortswechseln und kräftezehrenden Reisen und nach zwölf Geburten körperlich verbraucht und müde ist. Sie sehnt sich nach »Ruhe und Freistellung von aller Verantwortung«[147].

*Abreise von Erdmuth Dorothea Gräfin Zinzendorf
mit ihrer Tochter Elisabeth von Herrnhut in die schlesischen Gemeinen
Tuschzeichnung von Friedrich von Watteville*

Viel Freude hat sie an ihrer jüngsten Tochter Elisabeth, die 1740 geboren ist und gesund aufwächst. Oft nimmt sie das Kind auf ihre Reisen mit.

Neue religiöse Sprache

Mittelpunkt von Erdmuths Leben ist in diesen Jahren Schloss Marienborn, wo die Familie Zinzendorf wohnt und wo auch das theologische »Seminar« untergebracht ist, eine Gruppe von Studenten um Christian Renatus Zinzendorf. Auch in der neuen Siedlung Herrnhaag gibt es viel Jugend, nämlich die ledigen Brüder und Schwestern in ihren jeweiligen Chorhäusern.

Zinzendorf ist nach seiner Rückkehr von Pennsylvanien der schwärmerisch verehrte väterliche Freund dieser jungen Leute, der »Papa«, wie er allgemein genannt wird, nachdem sich schon für Erdmuth der Name »Mama« eingebürgert hat.

In diesen Jahren entwickelt Zinzendorf viele neue theologische Gedanken. Sie werden im Kreis seiner jugendlichen Verehrer begeistert aufgenommen. Zu dieser Gruppe gehören außer seinen Kindern Benigna und Christian Renatus auch Anna Nitschmann und Johannes Langguth, ein Student aus Jena, der seit einigen Jahren Zinzendorfs treuer Anhänger ist. Es hat sich eine neue religiöse Sprache herausgebildet, deren Anfänge noch in die Zeit vor Zinzendorfs Amerikareise zurückreichen. Damals hat Zinzendorf seiner Gemeine eingeprägt: »Lamm und Blut ist das höchste Gut, hier und droben!«[148] Das Lamm ist ein in der Rokokozeit gerne gebrauchtes Symbol für Unschuld und Reinheit. Christus aber ist das »Lamm Gottes, das der Welt Sünde trägt«[149] und sich für die Menschen geopfert hat; das heißt, die Vorstellung von »Blut und Wunden« verbindet sich mit dem Urbild von Unschuld und Kindlichkeit.

Auch Erdmuth hat die Begriffe »Lamm und Blut«, die »Stichwörter« der neuen Frömmigkeit der Gemeine, bereitwillig aufgegriffen, wie ihre Tagebucheinträge gezeigt haben. In Ebersdorf hat sie 1742 ein Lied mit vielen Strophen gedichtet: »Lamm und Blut, du höchstes Gut!«, in dem sie den neuen Geist der Brüdergemeine darstellt: Wenn sie vor die Wahl zwischen Gefühl und Verstand gestellt wird, will sie sich eindeutig für das Gefühl entscheiden: »... dass das Herz den Kopf bekehr ...«[150]

Gefühlsbetont, fröhlich und kindlich-spielerisch ist die Sprache und die Atmosphäre, die sich in der Gemeine, vor allem bei der Jugend, ausbreitet und an der sich Zinzendorf mit eigenen Sprachschöpfungen beteiligt.

Nicht alle Mitglieder der Gemeine sind allerdings von dieser Jugendkultur so begeistert wie der Graf. Viele seiner älteren und gesetzten Mitarbeiter haben ihre großen Vorbehalte dagegen. Schon 1742 hat sich einer bei Zinzendorf brieflich über Johannes Langguth beschwert, der in Herrnhut bei einer Andacht nur von »Blut und Wunden« redet, nicht die Losung und die Texte erklärt, »wenn er's auch vorliest, sondern immer dasselbe spricht und sich in einer Versammlung wohl zwanzigmal wiederholt«[151].

Herrnhaag

Freilich müssen auch die konservativen Brüder und Schwestern zugeben, dass diese neue, heiter-gelöste Stimmung eine ungeheure Anziehungskraft ausübt. Hinter Zinzendorfs »Blut- und Wundentheologie« steht ja die befreiende Lehre von der Erlösungstat Christi; der Glaube daran erfasst den ganzen Menschen mit Leib, Seele und Geist.

In die neue Siedlung Herrnhaag drängen die Menschen, gerade auch ernste, entschlossene Christen, die sich bis jetzt vergeblich um Heiligung ihres Lebens bemüht haben. Vor allem unverheiratete Frauen und Männer wollen aufgenommen werden. Viele reiche Bürger und Adlige stoßen jetzt zur Brüdergemeine, so dass man in großem Stil planen und bauen kann. Es entsteht eine großzügige, spätbarocke Anlage, die zweigeschossigen Wohn- und Chorhäuser um einen großen viereckigen Platz angeordnet, darunter die »Lichtenburg«, die den großen Gemeinsaal enthält und wo 1747 die gräfliche Familie einzieht.

Die Reise nach Holland

Text: »(Elisabeth) reist mit ihrer Mamma und Geschwistern, in Gesellschaft noch vieler anderer Geschwister auf einer Jacht den Rhein hinunter nach Holland.«

Tuschzeichnung von Friedrich von Watteville

Erdmuth, die sich aus allen offiziellen Ämtern mit Erfolg zurückgezogen hat, ist in Herrnhaag die allseits hoch geachtete und geliebte »Mama«, der viele Besucher, auch aus der Adelswelt, ihre Aufwartung machen. Böse und gute Gerüchte sind über Herrnhaag im Umlauf und erregen die glühende Neugier der Durchreisenden. Erdmuth kann vieles vom Geist und Leben der Gemeine erklären und zurechtrücken, wenn sie Besucher durch die Siedlung führt. Da gibt es außer Chorhäusern und Gemeinsaal viele Werkstätten zu sehen, vor allem die des berühmten Kunsttischlers Abraham Roentgen, und das Maleratelier von Johann Valentin Haidt. Außerdem wird viel musiziert, gedichtet und es werden phantasievolle Feste gefeiert.

Zu ihrer großen Freude kann Erdmuth 1746 auch ihre Ebersdorfer Geschwister, Heinrich XXIX. und seine Frau Theodore, in der Wetterau empfangen. Drei Kinder dieses Paares haben sich der Gemeine in Herrnhaag angeschlossen. Mit ihren Geschwistern und ihren Kindern begibt sich Erdmuth auf eine Schiffsreise den Rhein hinunter nach Holland.

Am 12. Mai trifft man auf Schloss Zeist bei Utrecht ein. Dieser prächtige Besitz ist kurz vorher von dem reichen Amsterdamer Bürger Cornelius Schellinger, der zur Brüdergemeine gehört, erworben worden. Hier findet vom 10.-19. Juni eine Synode der Brüdergemeine statt, bei der auch ein großes Familienfest gefeiert wird. Die älteste Zinzendorf-Tochter Benigna heiratet Johannes Langguth, der inzwischen Johannes von Watteville heißt, nachdem ihn Friedrich von Watteville adoptiert hat.

Ehereligion

Der Brautvater Zinzendorf traut das junge Paar. In der Ansprache formuliert er seine besonderen Gedanken über die Ehe in der Brüdergemeine, die sich auch in vielen seiner späteren Reden noch finden und für die Gemeine richtungweisend werden. Zinzendorf geht dabei, wie immer, von der Bibel aus.

Der Apostel Paulus vergleicht das Verhältnis Christi zu seiner Gemeinde mit der Ehe[152]. Die Gemeinde als Ganzes ist also die Braut Christi. Im Bild der ehelichen Gemeinschaft sieht sich die Gemeine eng mit ihrem Herrn verbunden. Das heißt für Zinzendorf, dass man sich alle Seelen weiblich vorstellen muss, auch die der Männer – sie sind nur für die Zeit ihres irdischen Lebens in einem »geborgten Zustand«[153]. Der einzige »Mann« ist also Christus. Für die Zeit der Diesseitigkeit ist in der irdischen Ehe der männliche Ehepartner der Stellvertreter Christi, der »Vize-Christus«[154]. Die eheliche Vereinigung ist demnach in Zinzendorfs Augen eine »sakramentale Handlung«[155], sie ist ein Geheimnis, ein Abbild der zukünftigen Verbindung mit dem Heiland.

Die Ehe bekommt also in Zinzendorfs »Ehereligion« einen neuen geistlichen Sinn: Der Ehemann soll für die Ehefrau »anstatt des Heilands ihr Priester sein, eine kleine Hauskirche mit ihr« aufbauen, sich ihr gegenüber »heilandsmäßig beweisen«[156]. Die Männer sollen für die Frauen »ihre Engel, ihre Diener, Gehilfen ihrer Freude und Haushalter ihrer Seligkeit«[157] sein.

Erdmuth sind diese Gedankengänge Zinzendorfs seit langem vertraut; sie als seine Ehefrau hat das Entstehen dieser »Ehereligion« miterlebt und nachvollzogen, wie alle theologischen Entwürfe ihres Mannes. 1749 berichtet sie ihrem Sohn vom »Ehefest« in Herrnhut, das am 7. September, ihrem Hochzeitstag, gefeiert wird:

> *»Unser Lämmlein war uns erstaunlich nahe. Mein ewiger Mann hat sich aufs neue an meinem Herzen bewiesen, dass er's wahrhaftig ist, der mich am Kreuz gefreit und mich erschaffen, in seinem Arm zu schlafen, und es ist mir den ganzen Tag ... immer so gewesen: Ach lasset mich alleine, mein Mann und ich, die Seine, wir sprechen uns allein im Ehekämmerlein ...«*[158]

In der »Gemeinehe« wird also »festlich-sakramentale Beseligung«[159] und Freude an der Sexualität erlebt. Das ist für viele pietistische Kreise außerhalb der Brüdergemeine etwas sehr Anstößiges. Denn dort gilt die sexuelle Lust als sündhaft. Die Ehe hat nur den

Zweck, Kinder hervorzubringen. Deshalb bildet die »Ehereligion« ein Hauptthema der umfangreichen Streitliteratur, die in diesen Jahren gegen Zinzendorf auf den Markt kommt. Auch dass man in der Brüdergemeine »ein bissel frei« über »natürliche Dinge«[160] redet, wird mit Abscheu registriert. Ein Gegner Zinzendorfs berichtet empört, dieser habe in einer Versammlung angeregt, dass der »Gemeinmedicus ... denen Brüdern und Schwestern die ganze Anatomie erklären«[161] soll.

Für Zinzendorf ist die Sexualität eine Schöpfungsgabe Gottes; von daher kommt er zu einer in seiner Zeit außergewöhnlich unbefangenen Stellung den geschlechtlichen Dingen gegenüber.

Gräfin Zinzendorf und Anna Nitschmann

Die Angriffe von außen richten sich auch gegen Zinzendorf persönlich: Nimmt er es genau mit der ehelichen Treue? Wie ist sein Verhältnis zu Anna Nitschmann, die zu seinen engsten Mitarbeitern gehört und ihn auf seinen Reisen begleitet – was sagt seine Frau dazu? Wird sie nicht in ungebührlicher Weise hinter Anna Nitschmann zurückgesetzt, die Zinzendorf sogar für einige Jahre zur »Mutter der Gemeine« ernennt?

Anna Nitschmann war mit ihren Eltern bereits 1725 als Zehnjährige aus Mähren nach Herrnhut gekommen und lebte später einige Zeit im gräflichen Haushalt als Erzieherin der Zinzendorf-Töchter. 1730 war sie als ganz junges Mädchen Ältestin der Schwestern geworden. Zinzendorf erkannte ihre große geistliche Begabung und übertrug ihr die Leitung der Seelsorge an den Schwestern. Hier löste sie also Erdmuth ab, die mit anderen Pflichten mehr als genug belastet war. Mit der Zeit wurde Anna Nitschmann Zinzendorfs engste und unentbehrliche Mitarbeiterin; denn die Seelsorgearbeit in den Gemeinen wurde mehr und mehr zu seinem wichtigsten Anliegen.

In den ersten Jahren der »Pilgergemeine« hatte Zinzendorf der jungen Anna in einer schweren Glaubenskrise als Seelsorger beigestanden. Damals hatte ihn das schwärmerisch veranlagte junge

Mädchen, wie er in einem Gedicht sagt, »zu sehr geliebet und verehret«[162]. Da er nun einerseits auf ihre Mitarbeit nicht verzichten konnte, andrerseits allen bösen Gerüchten die Spitze abbrechen wollte, ließ er sich von Annas Vater adoptieren. Als Bruder und Schwester, so meinte er, könnten sie weiterhin unbehelligt zusammen arbeiten. Diese Hoffnung erwies sich natürlich als trügerisch: Immer wieder wurde Zinzendorfs Beziehung zu Anna von seinen Gegnern kritisch unter die Lupe genommen. Warum zum Beispiel fährt er bei seinen Reisen oft mit Anna und anderen Mitarbeitern in einer Kutsche voraus, die Gräfin mit ihren Begleitern in einem anderen Wagen hinterher?

Erdmuth hatte ihrerseits einen eigenen Mitarbeiterkreis in ihrem Aufgabenbereich Wirtschaft und Finanzen, bis sie sich aus diesen Ämtern zurückzog; außerdem war sie Ortsherrin in Herrnhut. Wirkungsorte und Wirkungsbereiche der Ehepartner waren also verschieden. Hier mögen die Gründe für die »getrennten Kutschen« liegen.

Das »Streiterehepaar« kennt aber sehr wohl die Probleme und Gefahren, die aus der engen Zusammenarbeit mit Mitgliedern der Gemeine für die Ehe entstehen können. Zinzendorf schreibt über dieses Thema an Erdmuth 1738, bevor er sich auf die Reise nach St. Thomas begibt. Wenn Erdmuth mit einem ihrer männlichen Mitarbeiter besonders befreundet wäre, so würde er, Zinzendorf, »nicht die geringste jalousie (Eifersucht) haben«, er würde so etwas zwar

> *»für eine recht ängstliche Sache halten, aber ich würde mich nicht träumen, daß es mir einen Abbruch in Deinem Herzen täte und daß unser inniger Zusammenhang, weil er so keusch und heilig, darum nicht so zart und ganz wäre, ... denn unsere Ehesache ist in die Tiefe geschrieben, und ein mouvement (Bewegung), das alle Zeiten ausdauert und dabei weniger eine selige Empfindlichkeit des Affekti (Leidenschaft) ist, außer der sakramentalen Handlung, die doch über alles geht, als ganzes Wesen und Felsenart ist ...«*[163]

Zinzendorf ist also fest überzeugt, dass der »innige Zusammenhang« seiner Ehe mit Erdmuth durch nichts und niemand gestört werden kann. Wie das für Erdmuths Verhältnis zu ihren Mitarbeitern gilt, so natürlich auch für seine Beziehung zu den Schwestern, insbesondere zu Anna Nitschmann. Dieser »Felsen« der Ehe steht seiner Meinung nach so fest, dass er unmöglich »gebrochen« werden kann.

Zu den zahlreichen Klatschgeschichten in Bezug auf Anna Nitschmann äußert sich Erdmuth niemals. Sie zeigt immer ein gutes Einvernehmen mit der ehemaligen Pflegetochter. Allerdings ist nicht zu übersehen, dass durch die vielen und langen Trennungen eine allmähliche Entfremdung der Ehegatten eingetreten ist. Und wenn Zinzendorf sich in Herrnhaag aufhält, wird er vom Kreis seiner jugendlichen Mitarbeiter mit Beschlag belegt.

Das Ziel der »Streiterehe«, die gemeinsame Arbeit für das Reich Gottes, bleibt unverrückt, auch wenn Erdmuths Kräfte nachlassen. Immer wieder versucht Zinzendorf, sie zur Mitarbeit zu bewegen. Als er 1748 einen längeren Aufenthalt in England plant, soll Erdmuth mit Friedrich von Watteville zusammen wieder das »Generaldiakonat« übernehmen, weil »die liebe Mama... besonders die Qualität und Gabe eines außerordentlichen Glücks in dieser Materie«[164] habe. Zinzendorf hat also grenzenloses Vertrauen in das ökonomische Geschick seiner Frau. Solange sie die Finanzen der Gemeine in ihren bewährten Händen hat, wird alles gut gehen. Erdmuth lässt sich nur widerwillig überreden und schafft es auch nicht mehr, richtig in dieses Amt einzusteigen. Am liebsten würde sie nur »Volonteur«[165] sein, das heißt, nur beratende Funktion und keine Verantwortung mehr haben.

Auszug aus Herrnhaag

In Herrnhaag versteht man es, Feste zu begehen, und Erdmuth ist oft der Mittelpunkt solcher liebevoll ausgedachten Feiern. An ihrem Geburtstag im November 1747 halten die ledigen Schwestern zuerst ein Liebesmahl in ihrem Chorhaus, bei dem sie in ihrer weißen Tracht erscheinen »und auf die teure und liebe Mama ein niedlich Liedchen« singen und musizieren. Die ledigen Brüder wollen nicht zurückstehen und laden die Familie Zinzendorf in ihr Haus, wo die Wände »mit Tannenzweigen überflochten« und der Boden »mit Sand und grünen Einfassungen« bedeckt ist, so dass der Saal einem »angenehmen Garten«[166] gleicht. Eine Felsengrotte mit Höhlen und ein Bassin mit Springbrunnen vervollständigen das Bild.

Das fröhliche, heitere Leben in Herrnhaag bekommt aber allmählich eine gewisse Schieflage. 1748 reist Zinzendorf nach London ab und lässt seinen Sohn als Ältesten der Brüder und damit als Leiter des Ganzen zurück. Der vertrauensselige Christian Renatus gerät unter den Einfluss von einigen leichtsinnigen Brüdern, die die allgemeine Hochstimmung ausnutzen. Die Feste werden immer überspannter, die Sitten lockerer, die warnenden Stimmen der älteren Generation lauter und die Angriffe von außen immer heftiger. Auch Erdmuth sieht das Unheil kommen, will aber ihrem geliebten »Christel« nicht in den Rücken fallen. Schließlich beendet Zinzendorf, von einem verantwortlichen Bruder informiert, durch einen »Strafbrief« von London aus die unhaltbaren Zustände und beordert den Sohn zu sich nach England.

Wenige Monate später, im Oktober 1749, stirbt Graf Ernst Casimir von Büdingen, der die Herrnhuter ins Land geholt hat. Sein Nachfolger und dessen Regierungsräte, die der Brüdergemeine sehr ablehnend gegenüberstehen, machen mit der Siedlung kurzen Prozess: Binnen drei Jahren, so das landesherrliche Edikt vom 15. 2. 1750, muss Herrnhaag geräumt werden. Drei Tage später wandern die ersten Brüder ab; nach drei Jahren sind alle 1000 Einwohner ausgezogen, die Siedlung steht leer und verfällt.

»Sichtungszeit« nennt Zinzendorf später diese Jahre des religiösen Hochgefühls in Herrnhaag; er denkt dabei an das Wort Jesu: »... der Satan hat euer begehrt, dass er euch möge sichten wie den Weizen.«[167] Aus dieser Zeit der Prüfung wird die Gemeine, so hofft Zinzendorf, geläutert hervorgehen.

Auch Erdmuth denkt viel nach über die Verirrungen der letzten Jahre. Sie macht sich Sorgen um ihren Christel, der sich in London mit schweren Selbstvorwürfen herumquält, weil er glaubt,

Nikolaus Ludwig und Erdmuth Dorothea von Zinzendorf
Ausschnitt aus dem Bild: Bekanntgabe des Versicherungsdekrets
auf der Synode in Herrnhut 1750 · Ölgemälde von J. V. Haidt

als Ältester versagt zu haben. In einem Brief an ihr »allerliebstes Herzens-Christelchen« gesteht sie ihm, dass sie im Winter 1749 nur seinetwegen in Herrnhaag geblieben ist, sonst wäre sie am liebsten »in aller Stille weggegangen, denn mein Druck übers Ganze hätt mich bald umgebracht, weil ich alles vorher sah, was draus kommen könnte«. Zur Analyse der damaligen Lage gebraucht sie das Bild vom Pflug, bei dem man die Pflugschar höher oder tiefer einstellen kann:

> *»Ich habe manchmal gesagt, wir haben den Pflock schon ins letzte Loch gesteckt, wenn wir länger noch in der Welt sein wollen, wird der Heiland wieder drei bis vier Löcher zurück und runter stecken.«*[168]

Erdmuth verlegt nach der Auflösung des Herrnhaag ihren Wohnsitz wieder nach Herrnhut. Der sächsische Kurfürst hat Zinzendorfs Verbannung 1747 aufgehoben. Trotzdem kehrt der Graf nur für kurze Zeit nach Herrnhut zurück. Er hält die Arbeit in den neu entstehenden Gemeinen in England für so wichtig, dass er von Ende 1748 bis 1755 – mit einjähriger Unterbrechung – in London bleibt.

7. Die letzten Lebensjahre

Lange Zeit lebt also das Ehepaar Zinzendorf getrennt. Erdmuth will aus gesundheitlichen Gründen nicht mit nach England übersiedeln. Außerdem ist ihre Anwesenheit in Herrnhut unentbehrlich. Mit Watteville und dem Juristen Köber zusammen leitet sie das neu sich bildende sächsisch-oberlausitzische Finanzwesen der »Brüder-Unität«, wie sich die Brüdergemeine seit 1749 nennt. Soweit es ihre Gesundheit erlaubt, unternimmt die Gräfin aber jedes Jahr die beschwerliche Reise zu den Synoden oder »Ratstagen«, die Zinzendorf in London abhält.

Christian Renatus

Erdmuths drei Töchter Benigna, Agnes und Elisabeth leben ebenfalls in Herrnhut, während Christian Renatus in London als Gehilfe seines Vaters und Seelsorger im Chor der ledigen Brüder arbeitet. In dieser Eigenschaft begleitet er Zinzendorf 1750 auf seiner einjährigen Rundreise durch die Gemeinen in Deutschland, Holland und der Schweiz. Anschließend verbringt er im Sommer 1751 einige Wochen in Herrnhut, zur innigen Freude seiner Mutter, die an ihrem einzigen Sohn mit besonderer Liebe hängt.

Beim Abschied am 29. August 1751 können sich Mutter und Sohn kaum voneinander losreißen. Dreimal hat Christel die Reisekutsche schon bestiegen, dreimal springt er wieder heraus, um seiner Mutter »ein nochmaliges zärtliches Lebewohl zu sagen«[169]. Ob er ahnt, dass er sie nicht mehr sehen wird, dass es ein letzter Abschied ist?

*Christian Renatus Graf Zinzendorf
Ölgemälde von J. V. Haidt*

Am 7. März 1752 bringt Benigna von Watteville einen Sohn Johann Ludwig zur Welt. Erdmuth wird zum ersten Mal Großmutter und freut sich von Herzen an dem Enkelkind.

Kurz darauf erhält sie die Nachricht von einer schweren Lungenerkrankung ihres Sohnes in London. Sie will natürlich sofort nach England aufbrechen, wird aber selbst so krank, dass es einige Zeit dauert, bis sie sich die Reise zumuten kann. Die Berichte über Christels Befinden wechseln; Ende Mai klingen sie so besorgniserregend, dass Erdmuth ihre Abreise nicht mehr hinausschieben kann.

Im holländischen Amersfort, kurz vor Zeist, kommt ihr am 10. Juni ein Bruder mit der Nachricht entgegen, dass Christian Renatus am 28. Mai in London gestorben ist. Die Gräfin bricht zusammen; an eine Weiterreise ist nicht zu denken. Ihre Begleiter bringen sie nach Zeist, wo sie wochenlang krank liegt. Am liebsten würde sie dem heiß geliebten Sohn in die Ewigkeit nachfolgen. Sie wechselt viele Briefe mit ihrem Neffen, Heinrich XXVIII. von Reuß, der zu Zinzendorfs Mitarbeiterkreis in London gehört:

> *»Ach, guter Heinrich, die Welt ist mir wirklich zu eng. Es zieht erstaunlich in die andere Atmosphäre, da jetzt meinem auserwählten Christelein so wohl ist. Er denkt gewiss an mich und gibt dem Lämmlein gute Worte, dass es mich trösten soll, denn es war ja in seinem Leben seine Sorge, dass ich mich seinetwegen nicht ängstigen soll, wie er's noch in seinem letzten Brief geschrieben. Denke doch, da ich's recht ansehe, so steht zuletzt ›adieu diesmal‹, das hat er in keinem Brief an mich getan und war garnicht der gewöhnliche Schluss an mich, das war also mein Abschied. Ach, ich muss aufhören, sonst kann ich nicht mehr sehen; was denkst du, dass ich noch hier bin, ich weiß es selber nicht, wie es zugeht, indessen ist es doch so. Die erste Woche hätte ich wegen meiner Gesundheit wohl keine Reise vornehmen können, denn ich konnte kaum über die Stube gehen, und diese Woche habe erst angefangen zu probieren, wie das Fahren geht.*
> *P. S. Es sind manche, die wollen mich glauben machen, Papa könnte sich resolvieren (entschließen), selbst zu mir zu kom-*

men, es ist aber bei mir ein großer Zweifel, denn ich denke, was gut ist, kommt mir nicht leicht.«[170]

Wie gerne hätte Erdmuth ihren Mann bei sich in diesen schweren Tagen! Zinzendorf ist aber selbst krank geworden und kann ihr nicht nach Holland entgegenreisen. Er schickt einen Boten, der sie dringend bitten soll, nach London zu kommen, da er gehört hat, sie wolle von Zeist aus wieder nach Herrnhut zurück fahren. So entschließt sie sich zu der traurigen Reise: »Ich hab's also unmöglich übers Herz bringen können, sondern mich resolviert zu gehen und den Heiland gebeten, mir durchzuhelfen ...«

In Chelsea steht sie dann an Christels Grab. Hier in der Nähe von London hat Zinzendorf vor kurzem den Landsitz Lindsey-House erworben, wo ein neues Zentrum der Brüderkirche entstehen soll. In dem terrassenförmig zur Themse abfallenden Garten hat Christel seine vorläufige Grabstätte gefunden bis zur Fertigstellung des geplanten Gottesackers.

Dreimal fährt Erdmuth während ihres Londoner Aufenthaltes nach Chelsea hinaus: »Es ist mir ein schmerzlicher, aber erstaunlich attaschanter (berührender) Ort.« Dann muss sie »mit leerer Hand wieder zurück und mein allerliebstes, inniges Christelein zurücklassen«[171].

Am 7. September trifft Erdmuth tiefgebeugt wieder in Herrnhut ein und wird von ihren Töchtern und den Schwestern ihrer nächsten Umgebung in Empfang genommen. Alle spüren, dass sie nicht mehr dieselbe ist, dass eine schwer getroffene Frau zu ihnen zurückkehrt. Ihre Schwägerin Theodore von Reuß schreibt in ihrem Tagebuch »... den seligen Christel durften wir nicht nennen, das fiel uns schwer, und man merkt doch, wie sie sich fürchtet, dass doch niemand daran erinnern möchte«[172].

Christels Tod scheint den Lebensmut und Lebenswillen Erdmuths gebrochen zu haben. Lange kann sie sich zu keiner Tätigkeit mehr aufraffen: »Ich kann nicht beschreiben, wie schwach ich bald täglich so in tiefstem Grunde bin.« Als Benigna mit ihrem Mann Johannes von Watteville Ende 1752 nach London reisen will, fühlt sie sich ganz verlassen und schreibt mit trübem Humor an ihren Neffen:

*Benigna Henriette Justine Gräfin Zinzendorf,
verheiratete v. Watteville*

> *»Ich werde also ganz einsam sein und mit meinem ewigen Mann mir ganz aparte Haushaltung anfangen, noch viel genauer, noch viel zärtlicher als ehemals, aber viel tun und wirksam sein wird wohl nicht meine (Bestimmung) sein ...«*[173]

Finanzkrise

Erst im Frühjahr 1753 scheint Erdmuth wieder etwas aufzuwachen aus ihrer Depression und tätigen Anteil am Leben der Gemeine zu nehmen. Das ist auch bitter nötig, denn der englische und holländische Zweig der Brüder-Unität wird von einer schweren Finanzkrise erschüttert. Zinzendorf hat bei seinen großen Plänen und Projekten, zum Beispiel beim Kauf von Lindsey-House, allzu sorglos Kredite aufgenommen. Am liebsten hätte er, wie er einmal sehnsüchtig auf einer Synode sagte, »einen Griff in des Heilands Kasse« getan »von ein paar Millionen«. In Kenntnis seines Charakters hatte ihm damals Johannes von Watteville geantwortet, »dass er bei seiner generösen Art bald einen zweiten (Griff) bedürfen würde«[174].

Der Bankrott eines englischen Bankiers bringt im Frühjahr 1753 die Brüderkirche in schwere Bedrängnis. Die Gläubiger dringen auf schnelle Rückzahlung der Schulden. Zinzendorf ist tief betroffen, weil er weiß, dass er »schuld ist an diesem Unglück«[175]. Er übernimmt persönlich die Bürgschaft für die Brüder. Das bedeutet aber, dass die deutschen Gemeinen in »Mitleidenschaft«[176] gezogen und der Zinzendorfi'sche Besitz belastet wird. Erdmuth tut, was sie kann; wieder einmal bemüht sie sich, durch den Verkauf von Schmuck Geld zu beschaffen, und bittet brieflich andere Mitglieder der Gemeine um Hilfe.

> *»Ach, das leidige Geld«*, klagt sie, *»der Heiland erbarme sich aber auch über die bisher unrichtig damit umgehen ... Wie soll doch alles zu schaffen möglich gemacht werden? ... Es ist hart, man fühlt den dortigen Druck und die hiesige Last ...«*[177]

Zum Ratstag nach London will sie aber in diesem Jahr 1753 nicht kommen. Sie entschuldigt sich mit ihrem »morschen Hüttchen«, das in allen Fugen »bebt und kracht«, und mit der »Geldnot«.

Zinzendorf, der mit ihrem Kommen gerechnet hat und begreiflicherweise nervös ist, jammert auf dem Ratstag:

> *»Die Mama hat sich ganz zurückgezogen! Sie sollte sich bestimmt erklären über ihren Plan! ... Sie sollte sich erklären, ob sie wieder will angreifen oder – fortan Haus-Imme sein!«* [178]

Erdmuth in Herrnhut

Wenn sie auch nicht nach London kommt, so ist doch die »Haus-Imme« daheim in Herrnhut nicht untätig. Hier ist sie die geliebte und verehrte Herrin, die regen Anteil an der Entwicklung des Ortes nimmt. Mit sicherem Geschmack sorgt sie unter der Assistenz von Watteville dafür, dass Herrnhut immer schöner und gepflegter wirkt. Gärten und Hecken werden angepflanzt und Lindenalleen nach Berthelsdorf hinunter und hinauf zum Gottesacker auf dem Hutberg angelegt.

Herrnhut ist eine blühende Handwerkersiedlung geworden. Besucher rühmen die große Zahl der Gewerbebetriebe und die gute Qualität der Produkte. Weithin berühmt ist das Geschäft von Abraham Dürninger, der einen Laden, eine Fabrik, eine Stoffdruckerei und Bleiche betreibt und Handelsverbindungen in der ganzen Welt hat. Gräfin Zinzendorf ist voller Anerkennung für seine Tüchtigkeit; sie lässt sich persönlich durch seine Betriebe führen, wobei sie ihm manchen guten Ratschlag geben kann.

Zinzendorfs Rückkehr

1754 nimmt Erdmuth in Begleitung ihrer 14-jährigen Tochter Elisabeth noch einmal die Reise nach London auf sich. Sie will das Grab ihres Sohnes besuchen und am Ratstag teilnehmen. Auch Lind-

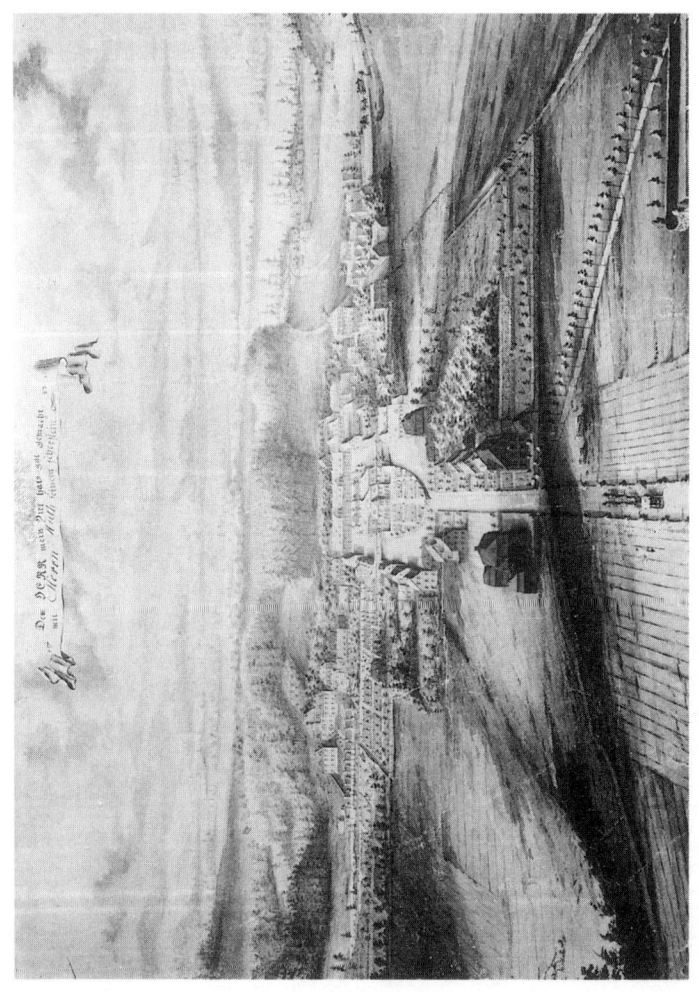

Herrnhut aus der Vogelschau von der Lindenalleee aus gesehen, 1753 · Tuschzeichnung

sey-House möchte sie sich ansehen, wo Zinzendorf mit seinem Mitarbeiterstab, das »Jüngerhaus« genannt, eingezogen ist. Es gibt auch einen großen Versammlungssaal und Platz für die Unterbringung der Konferenzgäste. Zinzendorf hat das Finanzwesen einem dafür eingesetzten Gremium übergeben und sich ganz aus der Verwaltung der Brüderkirche zurückgezogen. Er will nur noch »Jünger« sein, das heißt Prediger und Seelsorger.

Bei diesem Besuch äußert die Gräfin die herzliche Bitte, Zinzendorf möge doch, wenn die Finanzkrise abgeklungen sei, endlich wieder nach Herrnhut zurückkehren. Sie könnten zusammen, so schlägt sie vor, in Schloss Großhennersdorf einziehen, das in den Besitz der Familie Zinzendorf übergegangen ist.

Zinzendorf hält diesen Plan für »ein Meisterstück des Heilands«[179]. Aber als er 1755 tatsächlich nach Herrnhut zurückkehrt, zeigt sich sehr schnell, dass ein Zusammenleben von Graf und Gräfin Zinzendorf nicht mehr möglich ist. Die Lebensgewohnheiten der beiden haben sich zu sehr auseinander entwickelt. Zinzendorf zieht mit seinem »Jüngerhaus« nach Berthelsdorf ins Schloss, das inzwischen den Namen »Bethel« bekommen hat.

Erdmuth bleibt in Herrnhut wohnen, wo man sich immer höchlich freut, wenn sie nach einer Reise wieder im Herrschaftshaus residiert. Für die »Ältestenkonferenz« und alle leitenden Personen in der Gemeine ist es dann immer »eine wahre Gnade, dass wir unser liebes Mamachen wieder bei uns haben, die uns in manchen Sachen raten kann«[180].

»Mama Zinzendorf« hat im Herrschaftshaus ihre vertraute, geschmackvoll eingerichtete »Stube«. Hierher kommen alle, die Rat und Hilfe brauchen. Von früh um sechs bis abends um elf Uhr gehen die Geschwister bei ihr ein und aus. Die Gräfin kann gut zuhören, aber sie ist auch eine interessante Erzählerin; sie hat viel erlebt und ist weit gereist. Von ihrer letzten Reise durch Deutschland 1754 berichtet sie stolz:

> *»Alle Postmeister und Wirtsleute sind den Weg überaus freundlich gewesen, es ist ihnen lieb, mich nach vier Jahren, denn so lange ist es her, dass ich nicht hierherum gewe-*

Erdmuth Dorothea Gräfin Zinzendorf
Lithographie

sen, einmal wieder zu sehen, ich bin eben überall bekannt.«[181]

Trotz aller Vertrautheit mit den Geschwistern achtet die Gräfin nach wie vor auf Formen und eine gewisse Distanz. Der Sofaplatz in der Ecke und ihr Tischchen sind allein ihr vorbehalten, niemand würde es wagen, ihr diesen »Winkel«[182] streitig zu machen. In ihrem äußeren Auftreten ist immer noch deutlich die Aristokratin zu erkennen trotz aller Gleichstellung mit den Schwestern, denen sie sich auch in der Kleidung angepasst hat. Ein Porträt Erdmuths aus diesen Jahren zeigt sie in Herrnhuter Tracht mit weißer Haube und blauem Band, das ihre Zugehörigkeit zum Chor der Ehefrauen bezeichnet.

Krankheit und Tod

Im Mai 1756 wird die »Mama« zusehends von einer großen Müdigkeit und Schwäche befallen. Viele kümmern sich um sie: Ihre Töchter sind bei ihr und vertraute Schwestern, unter ihnen auch ihre Schwägerin Theodore von Reuß, deren Ehemann, Heinrich XXIX., 1747 in Herrnhaag gestorben war. Einige Jahre später zog Theodore nach Herrnhut. Einen ihrer Söhne, Heinrich XXVIII., hat Zinzendorf adoptiert. Der andere, Heinrich Ignatius, gehört ebenfalls zu Zinzendorfs Mitarbeiterkreis und liebt Erdmuth wie seine eigene Mutter. Er besucht sie fast täglich und berichtet über ihr Ergehen in seinem Tagebuch.

Christels Todestag, den 28. Mai 1756, verbringt die Gräfin »ganz außerordentlich still, betrübt und in tiefen Gedanken«. Ihre Müdigkeit wird immer stärker, sie will aber trotzdem an dem »Generalsynodus« der Gemeine teilnehmen, den Zinzendorf vom 9. Juni ab in Berthelsdorf abhält. Zwei Tage kann sie in Begleitung ihrer Schwägerin Theodore und ihrer Töchter dabei sein, und obwohl sie schon »sehr elend« ist, zwingt sie sich »recht mit aller Macht auszuhalten«[183]. Dann aber muss sie wegen einer Erkältung in

Herrnhut in ihrem Zimmer bleiben, wo die Schwäche und das Schlafbedürfnis von Tag zu Tag größer werden.

Zinzendorf besucht sie am 14. Juni, ohne zu ahnen, dass er sie zum letzten Mal sieht. Aber auch Erdmuth ist sich keineswegs klar über ihren Zustand und fühlt sich subjektiv gar nicht krank. Dazu meint Heinrich Ignatius:

> *»Es ist nur Gnade vom Heiland, daß sie alles vergißt; denn wie ängstlich würde sie sonst sein, ihre ökonomischen Angelegenheiten in Ordnung zu bringen und wieviel Sorge würde sie um ihre Kinder haben.«*[184]

Am Morgen des 19. Juni 1756 schläft Erdmuth für immer ein. Als die Anwesenden merken, dass das Ende nahe ist, singen sie einige Liedverse. Und dann, so heißt es im Tagebuch des Heinrich Ignatius, »erlosch sie wie eine schwache Kerze, die man leicht ausblasen kann«.

Weiter erzählt Heinrich Ignatius: »und es waren ihre Töchter ... und alles da, was gewohnt war, in ihre Stube zu kommen«. Und wie es in den letzten Jahren ihres Lebens gewesen war, »blieb ihr Zimmer bis zur letzten Viertelstunde der Rendezvous-Platz der Geschwister, und das Aus-und Eingehen hörte nicht auf, bis sie ihre Augen schloß«[185].

In Herrnhut läutet die Glocke und die Posaunen blasen einen Sterbechoral. Auf diese Weise kündigt man in der Gemeine einen Todesfall an. Die Brüder und Schwestern versammeln sich im Saal, wo Friedrich von Watteville ihnen mitteilt, dass »unsre ehrwürdige Schwester und allerliebste Mama, die treue Pflegerin und Amme der Gemeine, in die Arme ihres Bräutigams übergegangen sei«[186].

Johannes von Watteville bringt Zinzendorf die Nachricht vom Tod seiner Frau auf die Synode nach Berthelsdorf. Sie kommt für ihn, wie Theodore von Reuß berichtet, »ganz und gar unvermutet und fast unglaublich und zu desto größerer Bestürzung, er hat gleich zu Johannes gesagt: ›Nun laßt mich ganz allein‹, und sich auf etliche Stunden eingeschlossen und recht ausgeweint«[187].

Das Begräbnis

Am 25. Juni findet die Beisetzung der Gräfin statt unter großer Anteilnahme des Landadels aus der Umgebung, der Kinder aus den Internatsschulen und der ganzen Gemeine. Zinzendorf nimmt – der Sitte der Zeit entsprechend – an der Feier nicht teil, sondern verbringt den Tag allein in Hennersdorf.

Die Trauergemeinde versammelt sich auf dem Platz in Herrnhut. Etwa 2000 Menschen sind zusammengekommen, die Schwestern haben ihre weiße Feiertagskleidung an. Acht Diener tragen den Sarg; hinter ihm bewegt sich der Zug »mit einer ungewöhnlichen Ehrfurcht und Ruhe«[188] den Hutberg hinauf zum Gottesacker der Gemeine. Johann Nitschmann, »der Liturgus von Herrnhut«, hält die Begräbnisliturgie.

Am 30. Juli folgt noch eine Gedächtnisrede für die verstorbene Gutsherrin in Berthelsdorf. Den Text dafür hat Zinzendorf herausgesucht:

> »*Viele herrliche Dinge hat der Herr durch sie getan von Anfang durch seine große Macht. Sie hat weislich geraten und geweissaget, sie hat regiert mit Rat und Verstand der Schrift. Sie hat geistliche Lieder gedichtet. Ihre Nachkommen sind im Bunde geblieben. Ihr Lob wird nicht untergehen. Die Leute reden von ihrer Weisheit und die Gemeine verkündigt ihr Lob.*«[189]

Für Erdmuths Grab auf dem Hutberg entwirft Zinzendorf einige Jahre später die Inschrift:

Hier liegt
seit dem 25. Juni 1756
für eine bestimmte Zeit
der Leichnam der Gräfin
Erdmuth Dorothea
von
Zinzendorf und Pottendorf

geborne Gräfin Reuß
Einer Fürstin Gottes unter uns
Und der Säug-Amme[190]
der Brüder-Kirche im XVIII. Seculo.
Das Blut Jesu Christi hat ihn versöhnt
Sein Geist hat ihn bewohnt,
Und das Korn seines Leichnams verklärte ihn.
Denn er ist selbst die Auferstehung,
Das Leben war auch todt.
Sie war geboren d. 7. November 1700
Und entschlief den 19. Juny 1756.

Nach Erdmuths Tod

Zwei Tage nach dem Tod seiner Frau spricht Zinzendorf zu den Synodalen in »Bethel« darüber, was Erdmuth, »die Fürstin Gottes unter uns«, für ihn und die Brüdergemeine bedeutet hat:

> *»Die Ökonomie, die wir bei ihrem Dasein gehabt, werden wir nie wieder kriegen ... Ich war von Herzen ihr erster Untertan, davon hat sie täglich Proben gehabt. Ich habe in Polizei,- Finanz- und ökonomischen Sachen nie etwas getan, wogegen sie einen Dissensum (Widerspruch) geäußert und in Regiments-Sachen habe ich mich so nicht gemengt. Ein ordinärer (gewöhnlicher) Mann ist des Weibes Haupt, sobald sie aber einen aparten Charakter und Sache für sich selbst auf sich hat, so muss sie solche selbst verantworten ...«*

Er denkt daran zurück, wie ahnungslos er am Anfang seiner Reich-Gottes-Arbeit in Geldsachen war und welche Angst er vor Schulden hatte:

> *»Denn ich hatte keine Idee von Ausführung der Sachen, die Geld kosten könnten, dass die Heidenbekehrung und dergleichen was kosten würden: 1000 Reichstaler Schulden waren*

mir was Unübersteigliches. Sie wagte sich aber und machte, und da steht Herrnhut, und so viel daneben.«[191]

Deutlicher kann man Erdmuths Bedeutung für den Ausbau von Herrnhut kaum ausdrücken. Sie hat mit sicherem Blick das Machbare erkannt und mit glücklicher Hand durchgeführt. Wie klug sie gewirtschaftet hatte, zeigte sich erst, als die Finanzverwaltung nicht mehr in ihren Händen lag und die Brüdergemeine in eine schwere Finanzkrise geriet.

Noch umfassender hat Zinzendorf Erdmuths Persönlichkeit 1747, im Jahre ihres 25-jährigen Ehejubiläums, gewürdigt. Er widmet ihr einen begeisterten Lobpreis ihrer Tüchtigkeit und Solidarität:

> *»Ich habe fünfundzwanzig Jahre aus Erfahrung gelernt, dass die Gehilfin, die ich habe, die Einzige gewesen, die von allen Enden und Ecken her in meinen Beruf passt. Wer hätte sich in meiner Familie so durchgebracht? Wer hätte vor der Welt so unanstößig gelebt? Wer hätte mir in Ablehnung der trockenen Moral so klug assistiert? Wer hätte den Pharisäismus, der sich alle diese Jahre hindurch immer herbei gemacht, so gründlich gekannt? Wer hätte die Irrgeister, die sich von Zeit zu Zeit so gerne mit uns vermengt hätten, so tief eingesehen? Wer hätte meine ganze Ökonomie (Haushaltung) so viele Jahre so wirtschaftlich und so reichlich geführt, wie es die Umstände erfordert? Wer hätte mir den Detail des Hauswesens (den Kleinkram) so ungerne und doch so ganz abgenommen? Wer hätte so ökonomisch und doch so nobel gelebt? Wer hätte so àpropos (je nachdem) niedrig und hoch sein können? ... Wer hätte einem Ehegatten solche Reisen und Proben passieren lassen? Wer hätte zu Land und See solche erstaunlichen Mitpilgerschaften übernommen und souteniert (ausgehalten)? ... Wer hätte unter so mancherlei fast erdrückenden Gemeinumständen sein Haupt immer empor gehalten und mich unterstützt? Wer endlich unter allen Menschen hätte, ereignendenfalls ein*

wahres, ein plausibles, ein überzeugenderes Zeugnis von meinem inneren und äußeren Privatwesen ablegen können als eine Person von ihrer Kapazität, von ihrer Noblesse zu denken, und von ihrer Unvermengtheit mit allen den theologischen Vorgängen, in die ich verwickelt worden.«[192]

Obwohl also Zinzendorf die inneren und äußeren Werte seiner Frau so hymnisch hervorhebt, hat er sie besonders in ihren letzten Lebensjahren zu wenig geschätzt und ist ihr viel schuldig geblieben, was ihm nach ihrem Tod sehr deutlich zum Bewusstsein kommt. Er macht sich mit Recht Vorwürfe und klagt sich an, »er sei in vielen Stücken, die von einem Manne, welcher sich in seiner Ehe nach dem Sinn Christi richtet, billig erwartet werden, zurückgeblieben«[193].

Ein Jahr nach dem Tod Erdmuths heiratet Zinzendorf seine langjährige Mitarbeiterin Anna Nitschmann. Diese zweite Ehe dauert nur drei Jahre. Beide Ehegatten sterben kurz nacheinander im Mai 1760.

NACHWORT

Erdmuths Bedeutung für Zinzendorf und die Brüdergemeine

Für Zinzendorf war seine so dankbar gepriesene »Gehilfin« wirklich unentbehrlich, weil sie den ruhigen, stetigen Gegenpol bildete zu seiner einfallsreichen, aber oft übers Ziel hinaus schießenden Genialität. Sie war eine selbstständig denkende und handelnde Frau und ihrem Mann durchaus gewachsen, was August Gottlieb Spangenberg, der Biograph Zinzendorfs, einmal deutlich hervorhebt:

> *»Man kann es bei manchen Ehen als eine Schönheit ansehen, wenn der Mann so viel Vorzügliches vor seiner Frau hat, dass sie sich, ohne über den Dingen selbst viel zu denken, von ihm so kann leiten und führen lassen, als ob er ihr Vater wäre. So war es aber nicht mit unserem Grafen und seiner Gemahlin. Sie war nicht dazu gemacht, eine Kopie zu sein; und ob sie gleich ihren Gemahl von Herzen liebte und ehrte, so dachte sie doch selbst über alle Dinge mit so viel Verstand, dass er sie in dem Teil mehr als Schwester und Freundin anzusehen hatte. Er tat es wirklich, und das war auch eine Schönheit von einer andern Art.«*[194]

Erdmuth war also keine »Kopie« und konnte sehr wohl ihre eigene Meinung haben. Andererseits ist zu sagen, dass sie die Kompetenz und Vollmacht ihres Mannes in Fragen der Theologie und der Gemeindeleitung rückhaltlos anerkannte und sich auf diesem Gebiet ganz in seinem Fahrwasser bewegte, das heißt, sein Gedankengut übernahm.

Ihre großen Verdienste um die wirtschaftlichen Grundlagen der Brüdergemeine wurden schon erwähnt. Während der Jahre von Zinzendorfs Verbannung hielt Erdmuth die Verbindung zwischen Herrnhut und der Pilgergemeine aufrecht; während Zinzendorfs Amerikareise war sie als Vertreterin der Gemeine tätig; in ihren letzten Lebensjahren bildete »Mama Zinzendorf« eine Art Mittelpunkt für die Herrnhuter Geschwister wie eine Mutter für ihre große Familie.

Aber abgesehen von allen diesen »äußeren« Leistungen, die Erdmuth von Zinzendorf für die Brüdergemeine erbracht hat, war ihr unauffälliges, stilles Wirken innerhalb der Gemeine von nicht zu unterschätzender Bedeutung, zum Beispiel ihre Seelsorgearbeit unter den Schwestern in den ersten Jahren nach dem Entstehen der Gemeine.

Vor allem aber sind die Lieder zu nennen, die sie gedichtet hat und von denen über 60 in das Herrnhuter Gesangbuch aufgenommen wurden, das mit Anhängen und Zugaben von 1735 bis 1741 entstand.

In diesen Liedern begegnet uns ein starker Glaube, ein unbeirrbares Gottvertrauen trotz vielen schmerzvollen Erfahrungen, die ihr Leben begleitet haben. Erdmuth hat lernen müssen, ihre stark ausgeprägte Vernunft und das eigene energische Wollen dem Willen des Herrn unterzuordnen. Immer wieder taucht in ihren Liedern der Begriff der »Stille«, des »Stille Seins«[195] auf. Damit meint sie das Schweigen vor Gottes Handeln, auch wenn sie es nicht verstehen kann. Wie Hiob sagt sie nach dem Tod ihres Sohnes David: »Ich lege meine Hand auf den Mund und will stille sein.«[196] Dieses Verstummen bedeutet nicht Verbitterung oder Resignation, sondern eine unerschütterliche Vertrauenshaltung, eine Frömmigkeit, die aus der Hand des Heilands alles annehmen kann, Gutes und Schlimmes. Diese Haltung hat Erdmuth von Zinzendorf der Gemeine vorgelebt und in ihren Liedern vermittelt. Neben allen sonstigen Verdiensten, die sie sich um die Brüdergemeine erworben hat, ist diese Art der Frömmigkeit hervorzuheben, die vorbildhaft für die Gemeine geworden ist.

Eine der Liedstrophen, die Erdmuth von Zinzendorf gedichtet hat und die heute noch oft in der Brüdergemeine gesungen wird, lautet:

»Wir gehn getrost an deiner Hand,
Herr Jesu, die uns führet.
Wir haben dich getreu erkannt
und haben wohl gespüret,
dass, wenn du etwas auf uns legst,
gibst du auch Kraft zum Tragen,
und was du zuzumuten pflegst,
das ist getrost zu wagen«.[197]

LITERATURVERZEICHNIS

Abkürzungen für zitierte Quellen und Literatur:

BEYREUTHER I, II, III: I. Erich Beyreuther, Der junge Zinzendorf, Marburg (1957); II. Ders., Zinzendorf und die sich allhier beisammen finden, Marburg (1959); III. Ders., Zinzendorf und die Christenheit, Marburg (1961)

BEYREUTHER, Studien: Studien zur Theologie Zinzendorfs, Neukirchen-Vluyn (1962)

CRANZ, Brüdergeschichte: David Cranz, Alte und Neue Brüderhistorie, in: N. L. von Zinzendorf, Mat. und Dok., Reihe 2, Bd. XI, Hildesheim (1973)

ERBE, Herrnhaag: Hans-Walter Erbe, Herrnhaag, Hamburg (1988)

G. REICHEL, Anfänge: Gerhard Reichel, Die Anfänge Herrnhuts, Ein Buch vom Werden der Brüdergemeine, Herrnhut (1922)

G. REICHEL, Der 13. August 1727: Gerhard Reichel, Der 13. August 1727, Gnadau (1927)

G. REICHEL, Spangenberg: Gerhard Reichel, August Gottlieb Spangenberg, Tübingen (1906)

HAHN/REICHEL: Hans-Christoph Hahn, Hellmut Reichel (Hgg), Zinzendorf und die Herrnhuter Brüder. Quellen zur Geschichte der Brüder-Unität von 1722-1760, Hamburg (1977)

JANNASCH: Wilhelm Jannasch, Erdmuthe Dorothea Gräfin von Zinzendorf, Herrnhut (1915)

MÜLLER, Zinzendorf: Josef Theodor Müller, Zinzendorf als Erneuerer der alten Brüderkirche, Leipzig (1900; Nachdruck Hildesheim 1975)

RENKEWITZ, Hochmann: Heinz Renkewitz, Hochmann von Hochenau, Witten (1969)

SCHRAUTENBACH, Zinzendorf: Ludwig Carl Freiherr von Schrautenbach, Der Graf von Zinzendorf und die Brüdergemeine seiner Zeit, 2. Aufl., Gnadau/Leipzig (1871)

SPANGENBERG, Leben: August Gottlieb Spangenberg, Leben des Herrn N. L. Grafen und Herrn von Zinzendorf und Pottendorf, 8 Teile, Barby (1773-1775)

UAH: Unitätsarchiv Herrnhut

UTTENDÖRFER, Alt-Herrnhut: Alt-Herrnhut: Wirtschaftsgeschichte und Religionssoziologie Herrnhuts während seiner ersten zwanzig Jahre (1722-1742), Herrnhut (1925)

UTTENDÖRFER, Die Brüder: Otto Uttendörfer und Walther E. Schmidt, Hgg., Die Brüder, 3. Aufl., (1922)

UTTENDÖRFER, Frauen: Otto Uttendörfer, Zinzendorf und die Frauen, Herrnhut (1919)

WOLLSTADT, Dienen: Hans-Joachim Wollstadt, Geordnetes Dienen in der christlichen Gemeinde, Göttingen (1966)

ZBG: Zeitschrift für Brüdergeschichte, Herrnhut Jg. 1-14, 1907-1920. Reprint Hildesheim (1973)

**Weitere Literatur zu
Erdmuth Dorothea von Zinzendorf:**

Martin H. Jung, Erdmuthe Dorothea von Zinzendorf. In: Frauen des Pietismus, Gütersloh 1998, S. 44-60

Peter Zimmerling, Erdmuthe Dorothea von Zinzendorf. In: Starke fromme Frauen, Gießen 1996, S. 9-21

Erika Geiger, Nikolaus Ludwig von Zinzendorf, Holzgerlingen 1999

ANMERKUNGEN

1. Zitiert nach RENKEWITZ, Hochmann, 388, Anm. 73
2. Zitiert nach JANNASCH, 410
3. Ebd., 25
4. Ebd., 28, Anm. 4
5. Ebd., 33
6. Zinzendorf in Erdmuths Lebenslauf, zitiert bei JANNASCH, 36
7. Ebd., 348
8. RENKEWITZ, Hochmann, 389
9. Zitiert nach JANNASCH, 372
10. Zitiert nach REICHEL, Anfänge, 100-101
11. Zitiert nach SCHRAUTENBACH, Zinzendorf, 400
12. Zitiert nach JANNASCH, 41
13. Ebd., 54
14. Ebd., 431
15. Ebd., 423
16. Ebd., 424
17. Ebd., 50
18. Ebd., 50
19. Zitiert nach JANNASCH, 70
20. SPANGENBERG, Leben, 220
21. Zitiert nach JANNASCH, 71
22. Ebd., 71
23. 1 Joh 4, 19; vgl. JANNASCH, 76
24. Zitiert nach G. REICHEL, Anfänge, 190
25. Ebd., 196
26. Zitiert nach JANNASCH, 86
27. ZBG V, 1911, 96
28. G. REICHEL, Anfänge, 210
29. Zitiert nach JANNASCH, 88
30. Ebd., 89
31. Ebd., 111
32. Ebd., 436
33. Zitiert nach G. REICHEL, Anfänge, 211
34. Zitiert nach JANNASCH, 88
35. Zitiert nach G. REICHEL, Anfänge, 215
36. Zitiert nach JANNASCH, 93
37. Zitiert nach G. REICHEL, Anfänge, 219
38. JANNASCH, 91
39. Zitiert nach UTTENDÖRFER; Alt-Herrnhut, 152

[40] Zitiert nach JANNASCH, 307
[41] Ebd., 93
[42] Zitiert nach UTTENDÖRFER, Alt-Herrnhut, 145
[43] Ebd., 149
[44] Zitiert nach JANNASCH, 98, Anm.
[45] Zitiert nach UTTENDÖRFER, Alt-Herrnhut, 145
[46] Zitiert nach JANNASCH, 104
[47] Ebd., 105
[48] Ebd., 94
[49] Zitiert nach BEYREUTHER II, 41
[50] Zitiert nach JANNASCH, 109
[51] Ebd., 436
[52] Ebd., 102
[53] Ebd., 101
[54] Zitiert nach G. REICHEL, Der 13. August 1727, 22
[55] ZBG VI (1912), 113
[56] HAHN/REICHEL, 75
[57] Zitiert nach G. REICHEL, Der 13. August 1727, 32
[58] HAHN/REICHEL, 106
[59] Das Wort »Gemeine« war im 18. Jahrhundert neben »Gemeinde« gebräuchlich. Letzteres ist aber ein kirchenrechtlicher Begriff für die Parochien der lutherischen Kirche. Deshalb wählten die Herrnhuter die Bezeichnung »Gemeine«: Innerhalb der Kirchengemeinde Berthelsdorf wollen sie eine Gemeinschaft von Brüdern und Schwestern bilden. Vgl. Stephan Hinzel, Der Graf und die Brüder, Gotha 1935, 97.
[60] HAHN/REICHEL, 107
[61] Zitiert nach UTTENDÖRFER, Frauen, 21
[62] Zitiert nach WOLLSTADT, Geordnetes Dienen, 93
[63] Zitiert nach JANNASCH, 119
[64] Ebd., 119
[65] Zitiert nach WOLLSTADT, 76
[66] Zitiert nach JANNASCH, 122
[67] Ebd., 124
[68] HAHN/REICHEL, 32
[69] Zitiert nach UTTENDÖRFER, Alt-Herrnhut, 165, Anm.
[70] SPANGENBERG, Leben, 481
[71] Zitiert nach JANNASCH, 133
[72] SPANGENBERG, Leben, 406
[73] Zitiert nach UTTENDÖRFER, Alt-Herrnhut, 158
[74] Zitiert nach JANNASCH, 134
[75] BEYREUTHER II, 285
[76] Zitiert nach JANNASCH, 137
[77] Ebd., 165

[78] Wilhelm Bettermann, Das Los in der Brüdergemeine, Zeitschrift für Volkskunde, Jahrgang 1931, Bd. III, Heft 3, 284
[79] HAHN/REICHEL, 246
[80] Zinzendorf an Erdmuth, undatiert (vgl. Jannasch 138, Anm.4), UAH, R. 20.A.16d(101)
[81] BEYREUTHER, Studien, 110
[82] CRANZ, Brüdergeschichte, 230
[83] Zinzendorfs in Erdmuths »Lebenslauf«, zitiert bei JANNASCH, 159
[84] Ebd., 163
[85] Zitiert nach WOLLSTADT, Geordnetes Dienen, 222
[86] Zitiert nach JANNASCH, 151, Anm.
[87] Ebd., 149
[88] Ebd., 151
[89] SCHRAUTENBACH, Zinzendorf, 162
[90] Ebd., 161
[91] Ebd., 162
[92] Zitiert nach JANNASCH, 123
[93] Ebd., 104
[94] Ebd., 138
[95] Zitiert nach BEYREUTHER III, 104
[96] Ebd., 168
[97] Erdmuth an Zinzendorf, UAH, R.20.A. Nr. 17 (83), zitiert bei JANNASCH, 169
[98] Zitiert nach BEYREUTHER III, 115
[99] SPANGENBERG, Leben, 957
[100] Ebd., 958
[101] Ebd., 960
[102] Zitiert nach JANNASCH, 174, Anm.
[103] SPANGENBERG; Leben, 977
[104] Lebenslauf der Schwester Anna Nitschmann, in: Nachrichten aus der Brüdergemeine 1844, 593
[105] Zitiert nach JANNASCH, 176
[106] Herrnhuter Gesangbuch, in: N. L. v. Zinzendorf, Materialien und Dokumente Bd.III, Hildesheim 1981, Nr. 1083
[107] Zitiert nach JANNASCH, 180, Anm.
[108] Ebd., 178
[109] Erdmuths Bericht: »Umständlicher Verlauf, warum wir nicht auf der Ronneburg geblieben«, zitiert nach JANNASCH, 180
[110] Diarium der Reise von der Ronneburg nach Frankfurt, 11. Oktober 1736, UAH, R.20.B. Nr. 9,2
[111] Ebd., 22. Oktober 1736
[112] Zitiert nach JANNASCH, 183
[113] Ebd., 190

[114] SPANGENBERG, Leben, 969
[115] JANNASCH, 191-192
[116] Zitiert nach BEYREUTHER III, 170
[117] Zitiert nach JANNASCH, 184
[118] Ebd., 186, Anm.
[119] Zitiert nach BEYREUTHER III, 179
[120] HAHN/REICHEL, 156
[121] Zitiert nach JANNASCH, 201
[122] Ebd., 267, Anm.
[123] Ebd., 208
[124] Ebd., 209
[125] Diarium der seligen Mama von ihrer Reise von Herrnhaag über Ebersdorf nach Herrnhuth, UAH, R 20 B 9,4, 24. Januar
[126] Zitiert nach JANNASCH, 213
[127] Diarium, wie Anm. 125, 3. Februar
[128] »Gedanken bei dem Abschied meines lieben Sohnes Davids, welcher geschah d. 6. Jan. (1742) zu Marienborn, u. ich es hier in Hhut d. 14. Jan. erfuhr.« UAH, R. 20. E. Nr. 32
[129] SPANGENBERG, Leben, 2069
[130] Zitiert nach JANNASCH, 223
[131] Ebd., 235
[132] »Kurtze Relation von meiner am 21. August gehabten audientz in Hirschholm bey der Königin«, abgedruckt bei JANNASCH, 446-450. Daraus die folgenden Zitate.
[133] Diarium der seligen Mama von ihrem interreßanten Aufenthalt in Liefland und Ihrer Rückreiße nach Marienborn vom 29. Aug. 1742 bis z. 22. May 1743, UAH, R.20.B. Nr. 9.8
[134] SCHRAUTENBACH, Zinzendorf, 272
[135] Zitiert nach JANNASCH, 241
[136] Ebd., 243
[137] Ebd., 245
[138] Ebd., 247
[139] Ebd., 246
[140] Ebd., 247
[141] Ebd., 248
[142] Ritschl Albrecht, Geschichte des Pietismus, Bd. 3, Bonn 1886, 330
[143] Zitiert nach JANNASCH, 250, Anm.
[144] BEYREUTHER III, 231
[145] Zitiert nach MÜLLER, Zinzendorf, 80
[146] Zitiert nach JANNASCH, 257
[147] Ebd., 296
[148] Zitiert nach ERBE, Herrnhaag, 34
[149] Joh 1, 29

150 Zitiert nach JANNASCH, 218
151 Ebd., 226
152 Eph 5, 23
153 Gemeinreden, in : N. L. v. Zinzendorf, Hauptschriften, Bd. IV, Hildesheim 1963, 130
154 Ebd., 132
155 Zitiert nach JANNASCH, 262
156 Gemeinreden, wie Anm. 149, 128
157 Zitiert nach ERBE, Herrnhaag, 177
158 Zitiert nach JANNASCH, 479
159 ERBE, Herrnhaag, 104
160 August Gottlieb Spangenberg, Apologetische Schlußschrift, in: N. L. v. Zinzendorf, Ergänzungsband III, Hildesheim 1964, 465
161 A. Volck, Das entdeckte Geheimnis der Bosheit der Herrnhuter Sekte, Frankfurt und Leipzig 1750, 656
162 Zitiert nach JANNASCH, 456
163 Ebd., 262
164 Ebd., 473
165 Ebd., 473
166 Zitiert nach ERBE, Herrnhaag, 109
167 Lk 22, 31
168 Zitiert nach JANNASCH, 476
169 Brüderbote 1869, 89; zitiert nach Jannasch, Christian Renatus von Zinzendorf, in: ZBG III, 1909, 85
170 Zitiert nach JANNASCH, 291-292
171 Ebd., 480
172 Ebd., 292
173 Ebd., 293
174 Ebd., 279
175 Zitiert nach G. REICHEL, Spangenberg, 191
176 BEYREUTHER III, 278
177 Zitiert nach JANNASCH, 295
178 Ebd., 295
179 Ebd., 306
180 Ebd., 297
181 Ebd., 298
182 SCHRAUTENBACH, Zinzendorf, 401
183 Tagebuch der Theodore von Reuß, zitiert nach JANNASCH, 300
184 Tagebuch des Ignatius, zitiert nach JANNASCH, 301
185 Tagebuch des Ignatius, 19. Juni 1756, UAH, R.21.A. Nr. 146.44
186 Zitiert nach JANNASCH, 302
187 Ebd., 301
188 Tagebuch des Ignatius, wie Anm. 185, 25. Juni 1756

[189] Frei nach Sirach 44, 2-5 und 11-15; zitiert nach JANNASCH, 302
[190] Vgl. Jes 49, 23
[191] Zitiert nach JANNASCH, 306-307
[192] Zinzendorf in: »Naturelle Reflexionen«, zitiert nach HAHN/REICHEL, 32
[193] SPANGENBERG, Leben, 2071
[194] Ebd., 2068
[195] Herrnhuter Gesangbuch, wie Anm. 106: z. B. Nr. 515, 13; Nr. 1042, 10; Nr. 1083
[196] Hiob 40, 4; vgl. JANNASCH, 223
[197] Gesangbuch der Evangelischen Brüdergemeine, 2. Aufl., Herrnhut/Bad Boll, 1982, Nr. 328

hänssler

Die Biographie von Nikolaus Ludwig Graf von Zinzendorf

Erika Geiger
Nikolaus Ludwig Graf von Zinzendorf
Seine Lebensgeschichte

Gb., 13,5 x 20,5 cm, 320 S., s/w-Abb.,
Nr. 392.839, ISBN 3-7751-2839-5

Er ist nicht nur der Erfinder der Losungen, sondern auch Gründer der Herrnhuter Brüdergemeine, eine der faszinierendsten und originellsten Gestalten des frühen Pietismus, ein Mann voller Genialität und Widersprüchlichkeit. Zinzendorf, ein Mensch mit einem Auftrag von Gott! Er verließ die vorgezeichnete Laufbahn eines Adligen und ging seinen eigenen Weg, den Weg mit Gott ... Lesen Sie seine packende Lebensgeschichte!

Bitte fragen Sie in Ihrer Buchhandlung nach diesem Buch!
Oder schreiben Sie an den Hänssler Verlag, D-71087 Holzgerlingen.

hänssler

Peter Zimmerling
**Nikolaus Ludwig Graf von Zinzendorf
und die Herrnhuter Brüdergemeine**
Geschichte, Spiritualität und Theologie

Pb., 210 S., Nr. 393.347
ISBN 3-7751-3347-X

Anhand der Glaubens- und Lebenspraxis der Brüdergemeine entfaltet der Autor ihre überraschend modern anmutenden Überlegungen zur Rolle der Frau, zu Erziehung, zu Diakonie und Wirtschaftsethik. Auch im theologischen Denken bahnte Zinzendorf neue Wege ...

Theo Sorg
Leuchtzeichen am Wege
Mit den Losungen leben

Gb., 13,5 x 20,5 cm, 140 S., Nr. 392.835
ISBN 3-7751-2835-2

Seit über 50 Jahren Tag für Tag mit den Losungen leben – Theo Sorg, Landesbischof i.R., erzählt von spannenden und eindrücklichen Erfahrungen. Das macht Mut, Gott täglich zu vertrauen!

*Bitte fragen Sie in Ihrer Buchhandlung nach diesen Büchern!
Oder schreiben Sie an den Hänssler Verlag, D-71087 Holzgerlingen.*